# 掌控谈话

徐冬艳 著

煤炭工业出版社
·北京·

图书在版编目（CIP）数据

掌控谈话／徐冬艳著．－－北京：煤炭工业出版社，2019

ISBN 978-7-5020-7327-5

Ⅰ．①掌… Ⅱ．①徐… Ⅲ．①语言艺术—通俗读物 Ⅳ．①H019-49

中国版本图书馆 CIP 数据核字（2019）第 054829 号

## 掌控谈话

| 著　　者 | 徐冬艳 |
|---|---|
| 责任编辑 | 高红勤 |
| 封面设计 | 吕佳奇 |
| 出版发行 | 煤炭工业出版社（北京市朝阳区芍药居 35 号　100029） |
| 电　　话 | 010-84657898（总编室）　010-84657880（读者服务部） |
| 网　　址 | www.cciph.com.cn |
| 印　　刷 | 北京铭传印刷有限公司 |
| 经　　销 | 全国新华书店 |
| 开　　本 | 880mm×1230mm $^1/_{32}$　印张　6　字数　180 千字 |
| 版　　次 | 2019 年 5 月第 1 版　2019 年 5 月第 1 次印刷 |
| 社内编号 | 20181541　　　定价　29.80 元 |

版权所有　违者必究

本书如有缺页、倒页、脱页等质量问题，本社负责调换，电话:010-84657880

# Preface
# 前言

每个人自呱呱坠地之后就开始融入社会，而要想融入社会，就要在社会生活中维系好人际关系。人际关系如何来维护呢？这就涉及到了人与人之间的交往。而在人际交往过程中，必不可少的能力就是说话的能力。

说话能力有高下之分，比如那些不善言谈的人做不好的事情，一旦到了那些善于交际的人手中，他们能自来熟地和他人套套近乎，并迅速建立起良好的关系，最后在他人或惊讶或羡慕的目光中将事情办得妥妥帖帖。如果你能拥有这样的口才，相信你一定可以得到老板的青睐，获得他人钦佩的目光，在工作上风生水起，在生活中家庭和睦，邻里和谐。

虽然每个人都知道说话的重要性，但能把话说好的人却并不多，而把话说到对方的心里，做到既入耳又入心的，则更为不易。在人生的各个场合，如果说话水平欠佳，缺乏娴熟的表达力和沟通力，你的人生将有可能陷入困境和僵局，难以达成意愿，实现目标。

比如与陌生人第一次见面，手足无措得不知道该如何开口才好；面对尴尬的局面，却不知道该如何去化解尴尬；想要赞美他人，却不知道该从何处入手；拒绝别人时，不知道如何拒绝才能不伤及他人的面子；想要得到他人的帮助，却不知如何去说服对方……

以上的种种情况，都是我们在工作和生活中经常会遇到的难题，面对这些难题，我们在感到无从下手、头疼不已的同时，往往还会有冷场的情况发生。

面对这些人际交往中的难题，我们要如何来解决呢？这需要我们在了解谈话对象心理的基础上，有效地掌控谈话。因为只有有效地掌控谈话的内容和进程，我们才能达到自己的想要的效果。

本书收集了生活和工作中的大量案例，以心理学为基础，通过对案例深入浅出地剖析，指出我们在说话中的不足和错误之处，指导读者正确的谈话方式和沟通技巧。另外，书中还从心理学的角度分析了交谈对象的心理，因为只有正确把握对方的心理情况，我们才能做到有的放矢，才能掌控谈话，才能让人们都喜欢和你说话，从而赢得好人缘，建立起良好的人际关系。

希望读者朋友们可以通过阅读本书，来了解如何掌控谈话，学会掌控谈话的技巧，从而大大提高自己与人沟通的能力。

作者
2019.4

# Contents
# 目 录

**|第一章|**
首因效应，一见面迅速成为朋友的秘诀 / 001

　　初次见面的第一句话，至关重要 / 002
　　记住对方的名字，人缘自然好 / 005
　　恰当的称呼，给对方留下好印象 / 008
　　主动出击，迅速拉近与陌生人的距离 / 011
　　常说"你很重要"，展示出你的尊重 / 014

**|第二章|**
霍桑效应，人人渴望被赞美 / 017

　　赞美是沟通最好的"润滑剂" / 018
　　抓住对方优点，重点赞美 / 021
　　别出心裁的赞美给人意外惊喜 / 025
　　真诚是所有赞美的前提 / 029
　　巧用背后赞美，事半功倍 / 032
　　突出细节的赞美更可信 / 036

| 第三章 |
温暖法则，沟通需要和谐的氛围　/ 039

委婉表达不满，重点在言外之意　/ 040
说话切忌太直白　/ 043
温暖真诚的语言，对方更容易接受　/ 046
用平等和尊重消除位差效应　/ 049
低调谦逊改善人际关系　/ 052

| 第四章 |
威尔德定理，把说话的机会让给别人　/ 055

倾听是最有效的沟通技巧　/ 056
沉默是对攻击最好的反击　/ 059
适当夸张的表情，让倾听更显真挚　/ 062
学会倾听，别人才能打开话匣子　/ 064

| 第五章 |
完美笑话公式，幽默让沟通别有风趣　/ 067

用幽默给沟通加点料　/ 068
适度自嘲，给你带来好人缘　/ 071
正话反说，用幽默使气氛活跃起来　/ 074
幽默是化解尴尬和难堪的妙招　/ 076

| 第六章 |
白德巴定理，说话要说到点子上　/ 079

洞察别人心理，把话说到点子上　/ 080

好的话题能让沟通迅速升温 / 082

了解对方的兴趣，找准沟通切入点 / 085

因人而异，及时调整说话策略 / 089

| 第七章 |

杰亨利法则，待人接物时真诚放在首位 / 093

真诚，良好沟通的前提 / 094

犯错不可怕，道歉不真诚才可怕 / 097

真诚是说服别人的法宝 / 100

真诚地拒绝别人 / 103

真诚的笑，无形中拉近双方的距离 / 106

| 第八章 |

登门槛效应，在循序渐进中说服对方 / 109

用登门槛的方法更容易实现目标 / 110

潜移默化中把握谈话节奏 / 113

在迂回曲折中获取成功 / 115

把自己的想法变成对方的想法 / 118

巧用心理定式说服对方 / 121

| 第九章 |

适度原则，掌握分寸沟通才融洽 / 125

把握分寸，实话也要巧说 / 126

莫在失意人面前说得意事 / 129

一味道歉，只会让歉意变得廉价 / 131

适当的强势，让对方更信服 / 135

| 第十章 |
归谬式推理，"退"是为了更好地前进 / 139

批评对方之前先自我批评 / 140
懂得示弱，抬高对方也是策略 / 143
以柔克刚更能打动人心 / 145
利用同情心理，轻松达到说服目的 / 149
把眼泪变成强大的武器 / 151

| 第十一章 |
利用同理心，共鸣是互相理解的前提 / 155

利用同理心，马上与对方成为朋友 / 156
相同的爱好，瞬间拉近彼此的距离 / 158
换位思考，把话说到对方心里去 / 163
结成同盟，将对方变成"自己人" / 167

| 第十二章 |
罗森塔尔效应，暗示拥有巨大的力量 / 171

巧用暗示，让对方顺着你的思路走 / 172
旁敲侧击，让对方自己领悟 / 174
利用从众心理，让对方认同你 / 177
用相似的错误侧面提醒对方 / 180

## 第一章
## 首因效应,一见面迅速成为朋友的秘诀

# 初次见面的第一句话，至关重要

在通常情况下，如果与他人初次见面，或者是为了找工作进行面试，或者是为了相亲，或者是进行商务洽谈等，我们一定会非常注重自己的形象。细心的人会精心准备服装，男士会刮刮胡须、理理发，女士会挑选得体的衣服，做做头发，化化妆。大多数人的准备工作都是为了给他人留下良好的第一印象，因为近年来我们越来越深刻地意识到第一印象的重要性。

然而，许多人往往忽略了第一句话的重要性，这其实同样至关重要。在做好面子工程的同时，我们也应该更好地准备说辞，第一句话就给人留下深刻印象，也可以帮助自己在他人心目中留下良好印象。

从心理学的角度来说，不管是第一印象还是第一句话，之所以能够起到至关重要的作用，都是因为首因效应。所谓首因效应，也叫首次效应，或者叫第一印象效应，最早是由美国心理学家洛钦斯提出的。通俗地说，首因效应即指人们在初次交往时形成的第一印象会对此后的交往产生深远影响，也就是我们平日里所说的先入为主。尽管初次交往时形成的印象未必全面和正确，但是却异常深刻地印在了人们的脑海中，对人们未来的交往起到决定性作用。因为，第一印象如果好，后来的交往也会相应地更加顺利；相反，如果第一印象很差，则人们会因为先入为主，导致后面的交往很难扭转局面，甚至产生故意对抗的状态。由此可见，第一印象影响深远。不过，需要注意的是，第一印象的形成并不仅仅依赖外在形象，言谈举止，尤其是张口说的第一句话，也是至关重要的。

那么，如何做好第一句话的准备工作呢？俗话说"行家一出手，就知有没有"，我们要说"行家一开口，就知有没有"。要想说好第一句话，首先必须更多地了解对方。也许有人会说，如果是面试，我怎么可能了解对方呢？当然，你是不可能预先知道面试官的情况的，但是你肯定知道自己面试的是哪家公司。作为有心人，如果你能提前了解公司情况和公司的企业文化，想必在面试中回答问题时总不至于南辕北辙。如果是相亲，则更好办了，可以从介绍人那里获得更多信息。要是在谈判或者其他商务场合，收集信息则更加容易。总而言之，只要你处处留心，一定能想方设法地收集到更多的信息。这样一来，你的第一句话也会说得更有针对性。

今年正在读大四的刘刚，和大多数同学一样，每天都忙着找工作。然而，刘刚接连面试了十几家公司，都没有得到回音。为此，刘刚觉得自信心大受打击，甚至开始怀疑自己的能力。老师在得知刘刚的困惑后，问："你每次参加面试，是怎么介绍自己的呢？"刘刚想了想，说："我就是如实说的啊，例如'我叫刘刚，毕业于南京财经大学，是大四学生'。"老师笑着说："你不觉得你这个开场白太过于平淡了吗？如果第一句就让人觉得乏味，面试官是没有耐心听你说下面的话的。"刘刚困惑地问："那么，我应该怎么说呢？大家不都是这么说的吗？"老师摇摇头，说："杜琴是班级里最先敲定工作的，你可以请教她。"

经过向杜琴取经，刘刚才恍然大悟。接下来的面试，他完全像变了个人。面试官对他说："请介绍一下自己。"刘刚笑着说："您好，我不是一名普通的应届大学毕业生。大学四年，我一直在勤工俭学，不但为清华社做过兼职编辑，而且还在卖场推销过电脑、打印机，也卖过女生用的化妆品、面膜，等等。当然，每年的情人节我是一定会去卖花的，因而我对情人节的行情非常了解。这些，都是我在南京财经大学大四学生身份之外的附加值，希望能够让您满意。"和刘刚此前的自我介绍相比，仅就那一句"我不是一名普通的应届大学毕业生"，就让面试官瞬间抬起头来疑惑地盯着他。如此一来，刘刚接下来的自我介绍一字不落地进入了面试官的耳朵里，让面试官更加了解刘刚，也准确地记住了刘刚。果不其然，采取新的自我介绍法面试三次之后，刘刚就顺利找到了一份心仪的工作。

第一句话，往往给人留下深刻的印象。尤其是当你面对低着头看资料的面试官时，你的第一句话若是能够先声夺人，那么肯定能让面试官在看到你之前就对你有良好的印象。如此一来，面试官看你就会觉得很顺眼，这都是首因效应的功劳。

做任何事情，都应该争取有一个好的开始。只有开头良好，我们才更有可能走向成功。不管面对谁，也不管是在何种场合，我们都应该拥有良好的心理素质，做到不卑不亢，落落大方。在此基础上，我们还应该用心琢磨第一句开场白，为自己赢得开门红。需要注意的是，第一句话千万不要夸大其词，可以出其不意，但要能够完满地自圆其说。只有保持冷静和理智，以事实为基础，才能帮助你赢得他人的赞许和认可。

## 记住对方的名字，人缘自然好

在生活和工作中，我们每天都需要和陌生人打交道，有些人也就是一面之缘，有些人则往往还会与你产生交集，彼此之间会有更深的交往。无论是哪种情况，给人留下良好的第一印象都是有必要的，就像一篇文章有精彩的开头，才能深深地吸引读者；一出戏只有先声夺人，博得开门红，才能继续轰轰烈烈地演下去。

上一节我们说过首因效应的强大作用，因此也要重视与他人的初次见面。

自古以来，婴儿一出生就会被赋予姓名，这姓名或者是父母琢磨出来的，或者是家里德高望重的长辈给起的。甚至还有些婴儿，还未出生就承载了父母的期望，父母总是在生命最初就给他想好名字，也由此寄予了无限的期望和渴盼。从此以后，这作为符号的几个字就会跟随我们一生，不管我们是赢得荣誉，还是陷入人生低谷，它都会不离不弃地跟着我们。直到死去，我们的名字也依然会被刻在墓碑上供后人凭吊。由此可见，名字对于我们有着特殊的意义。因而，如果你能在初次见面时就记住对方的名字，那么当你仿佛与对方很熟悉一般喊出对方名字的时候，对方一定会有特别的感受；与此恰恰相反，假如你总是记错他人的名字，甚至还不知所以然地把错误的名字拿来称呼他人，则你的人缘也就可想而知了。

王晓是一家保险公司的代理员，每天都要与形形色色的客户打交道。如今的王晓销售业绩在公司名列前茅，是不折不扣的销售冠军，但是有谁能想到王晓最开始从事保险代理人职业时，曾经接连几个月都没有签约，而且还被客户骂哭过呢？

如今，资深的王晓也开始带新入职的徒弟，并且向他们传授相关的经验。作为师父，王晓传授给徒弟们唯一的经验就是：一定要在最初见面时就记住对方的名字。为此，王晓还讲了一件伤心的往事给徒弟们听。

那时,王晓刚刚大学毕业,因为毕业院校并非名牌,所以找工作很难。后来,他在同学的介绍下来到这家保险公司,从此开始了推销生涯。做过销售员的人都知道,这是与人打交道很多也经常需要面对陌生人的行业。几乎每天,勤奋的王晓都会拿着展板去附近的社区开发客户,宣传保险知识。

有一天,王晓正在与一个新认识的客户寒暄。王晓说:"李大爷,您就相信我吧。像您这样子女不在身边的老人,一定要投资自己的健康啊!"不想,原本与王晓相谈甚欢的李大爷,突然狠狠地瞪了王晓一眼,说:"李大爷?我就站在你面前一直跟你说话,你居然把我的姓给叫错了。我看哪,你还是别站在这里丢人现眼了,先去吃点核桃补补脑吧!"这时,王晓才意识到自己不小心在短短时间内就忘记了这个大爷的姓。他被大爷一通臭骂,又被当时在附近的人围观,不由得委屈地哭起来。当他回到公司,他的师父就告诉他:"王晓,别人喊错你的名字,而且是在你刚刚说完的情况下,你会高兴吗?"他摇摇头,师父语重心长地说:"是啊,你这个小毛孩儿都不乐意被人叫错名字,更何况是人家德高望重的老大爷呢?而且,人家与你相谈甚欢,一分钟都没离开过,你就忘记了人家的姓,这肯定让人觉得不被尊重和重视啊!人老了就像小孩子,你应该学会与各种各样的人打交道。"

听了师父的话,王晓恍然大悟,从此以后,他不管面对什么样的客户，都会第一时间记住他人的名字，哪怕耽误了推销产品的时间，他也会用心地默念和牢记。在坚持记住每一位客户的名字之后，王晓的保单越来越多，客户忠诚度也特别高。

每个人都希望得到他人的尊重，而当他人在初次见面的短短时间里就记住你的名字，你一定会感到被尊重和受到重视。如此一来，作为回应，你也会尊重和善待他人。其实，我们只要想一想就能明白那种感受：一个人刚刚见你第一面，在几分钟时间里就能亲切地喊出你的名字，这无疑让人感到兴奋和亲切。

## 恰当的称呼，给对方留下好印象

在人际交往中，称呼是必不可少的。如果称呼合适，则会让对方心里舒坦，有利于交际进一步发展；相反，如果称呼不合适，就会让对方心里别扭，必然会阻碍双方的进一步沟通。因此可以说，合适的称呼是开启良好交际的第一步。

最近，因为总经理升职了，被调动到北京总部任职总监，所以公司就空出来一个职位。看到职位忽然空缺，很多有可能顶上总经理职位的人都虎视眈眈，彼此间明争暗斗，只为了抓住这个千载难逢的好机会。

群龙当然不能无首,总经理的职位不能空缺太久。因而,上级领导临时任命张副总经理当代理总经理。得知这个消息,张总高兴极了,一下午都在哼着小曲。他暗暗幻想着人们看到他都毕恭毕敬地称呼他张总经理的情形,如今他终于实现了梦寐以求的愿望,把"副"字去掉了。然而,当他兴冲冲地准备去会议室主持会议时,档案室的老王迎面走来,喊道:"代总经理,恭喜您哪!有了这个'代'字,只怕您很快就会成为真正的总经理了呢!"听到老王这句话,张总的脸立马晴转阴。他无论如何也没想到,自己的"张副总经理"居然变成了"张代总经理",简直让他崩溃。这时,跟在老王身后的小赵赶紧打圆场说:"老王,你可真是拐弯不怕累。张总经理都已经走马上任了,以后他就是我们的总经理,你还说些乱七八糟的话干吗呢?"听到小赵的话,张总心里还舒坦些,尴尬地笑了笑,就继续往会议室走去。

在代理总经理半年之后,"张代总经理"就正式任职总经理了,但是他却始终对老王的话耿耿于怀。一个偶然的机会,张总抓住老王工作中的失误,将老王辞退了。老王无论如何也想不起来自己到底哪里得罪了张总经理。而小赵呢,居然被破格提升,成为老王的接班人。

在职场上的人,最讲究的就是称呼,尤其是当职位处于变动时期,或者正在交接时,恰到好处的称呼最有必要。就像老王这样,因为一个拐弯抹角的称呼,无意中就得罪了未来的总经理,可谓得不偿失。小赵则比老王机灵多了，他总算知道不管是不是代总经理，总经理的官位都比他们高，给予足够的尊重总是没错的。把副总经理的"副"字去掉，把代总经理的"代"字去掉，这就是职场上的原则：把人的职位往大处称呼，而不要往小处称呼。

其实，不仅仅职场上如此，生活中也是如此。在称呼年纪比较大的人时，一定要讲礼貌，对于喜欢显示自己辈分高的人，就给他恰到好处的称呼；对于喜欢显示自己更年轻的人，就把他叫得年轻一些。总而言之，我们一定要恰到好处地称呼他人，这样才能让交谈变得更加顺利。试想，假如人们一开始就因为你的称呼不恰当而闷闷不乐，又怎么能做到与你愉快地交谈呢？再举个简单的例子，如果你因为迷路需要问路，但是却不能恰到好处地称呼他人，这样你就很难得到他人的详细回答，甚至还会因此而招致他人的斥责。

由此可见，生活中只要是需要与他人交谈的场合，就需要我们给予他人最合适的称呼。适宜的称呼是友好交谈的开始，我们必须慎重对待，千万不要因为这个小小的细节导致人际关系恶化，否则就得不偿失了。

## 主动出击,迅速拉近与陌生人的距离

和陌生人初次见面时,彼此陷入沉默之中,无疑是最使人难堪和尴尬的事情。的确,相对无言对于亲密无间的情侣而言可能是彼此默契的表现,但是对于陌生人之间,则只剩下无言以对的可怕沉默。在这种情况下,如何打破尴尬,就成为交谈者的当务之急。倘若能与陌生人初次见面就谈笑风生,则相处的感觉一定会变得更加美妙。

很多人面对陌生人时,都希望陌生人能够主动一些,打破尴尬。殊不知陌生人和我们的心态一样,也希望我们能够主动,成功融化沉默的坚冰,让彼此之间变得更加熟悉和亲近起来,让语言也成为沟通的精灵,在彼此之间不停地飞舞。无疑,令人窒息的沉默,是每个人都不愿意面对的。

很多人常常觉得自己不被他人欢迎和喜爱,这往往是由于他自己不够主动。如果我们首先从自己这一方打开心扉,那么我们就会惊讶地发现,他人对待我们的态度也瞬间发生了改变。

天知道亨利为什么认识这么多人!从乞讨卖艺的、修马桶的,到银行里的工作人员，甚至市政府官员，他都能扯上或多或少的关系。最重要的是，亨利与他们还很熟悉，就像是每天都能见面的邻居一样，从不觉得眼生。每当亨利有求于他们的时候，这些朋友也都会给亨利一个小小的面子，多多少少总能帮上忙。

这一次，亨利上司家的孩子着急出国，但是签证却没办好。为此，上司火急火燎。原来，上司的孩子是出国读书，如果耽误了，就要错过一些课程。为此，亨利打了个电话给政府的朋友，政府的朋友又托人找了大使馆的人，原本需要等7天的，居然当天晚上就搞定了。上司不由得对亨利刮目相看，说："亨利，你简直是万能的。"后来，大家知道这件事后，都称呼亨利为"万能的亨利"。与亨利坐同一张办公桌对面的约翰，却与亨利形成鲜明对比。约翰不但没有朋友，而且和同事们的关系也很冷漠，总是喜欢独来独往。有一次，约翰问亨利："亨利，你为什么这么受欢迎，还有这么多的朋友？"亨利笑着说："因为我很喜欢与人套近乎，只要他人能回答一句话，我就有把握与他成为朋友。"听到亨利的话，约翰惊讶不已，说："如果我也与人搭讪，也能像你这样吗？"亨利毫不犹豫地点点头，说："你试试吧。"在亨利的鼓励下，约翰先从办公室里的同事做起，果然与大家的关系越来越熟悉。看到逐渐变得乐观开朗的约翰，亨利高兴极了，因为约翰也是他的好朋友。

不管什么时候，对于一个友善地主动搭讪的人，只要对方不惹人讨厌，我们就应该给予回应。正是出于这种心理，所以主动示好的人总是能够得到更多的关注，也因此收获了满满的友谊。记住，人与人之间都是彼此的镜子，我们以怎样的态度对待他人，他人就以怎样的态度对待我们。既然如此，我们何不放开心胸，更好地面对和接纳他人呢？

很多人在面对陌生人，或者突然进入新的环境、面对陌生的集体时，都会做出类似的反应。他们在陌生人面前因为紧张，导致说起话来也颠三倒四，总是不知所云。对于这样的情况，实际上并非因为陌生人是大老虎，让人感到害怕，而仅仅是因为我们内心没有端正态度，因而面对陌生人时过于紧张。要知道，我们生命中的每一个人，除了我们的父母和亲人与我们有血缘关系之外，对于大多数人，我们与他们都是从陌生到熟悉的。所以我们完全没有必要对陌生人如临大敌，当我们轻松面对陌生人时，你会发现陌生人并没有想象中那么可怕，甚至还非常可爱，还有可能与我们成为好朋友呢。

在和陌生人搭讪时，我们可以采取各种寒暄的方式，从天气、娱乐新闻或者只是一件不相干的事情谈起，与陌生人搭上话茬。此外，如果对陌生人实在是心中没底，也可以采取试探的方法，以适当的话题与陌生人搭讪，从而观察陌生人的态度，再制定下一步的交往策略。当然，如果你是个直性子，不喜欢迂回曲折、避直就曲，那么你也可以开门见山地向陌生人做自我介绍，从而与陌生人相对正式地相识。总而言之,只要我们足够真诚友善,把话说到陌生人的心里去,那么,我们就能成功打动陌生人,与陌生人的交往也会水到渠成。

## 常说"你很重要",展示出你的尊重

在与人相处时,每个人都希望得到他人的关注和重视,这是人们的自尊心在起作用。然而,偏偏有些人很容易忽略他人的感受,更多地关注自身。因而,这样的人很难交到很多的朋友,只能与身边亲近的人来往。现代社会,人际关系的重要性上升到更高的高度,我们无论是作为职场人士,还是出于生活需要,都经常需要与形形色色的人打交道。这就要求我们必须拥有更强的人际交往能力,建立强大的人际关系网,从而与他人更好地相处、交往。

生活中,人们常常把自己看得很重要。例如,如果一个女孩穿着洁白的裙子,却不小心在公交车上被踩了一个黑脚印,那么她一定觉得很尴尬。实际情况如何呢?除了她自己对那个脚印念念不忘,根本没有人注意到那个脚印。这种现象很常见,都是自己把自己看得过重,实际上却并没有得到他人的关注。遭遇这种经历的人，既因为自己的尴尬没有被人留意而感到小小的庆幸，也因为他人对自己的漠不关心感到大大的失望。这种复杂的情绪相互渗透，最典型地反映了人们都希望得到别人关注的心理。那么，对于我们比较在乎和亲近的人，我们则不能如此无视，否则一定会让对方感到伤心。当我们想要吸引一个人的注意力，当我们想要打开一个人的心扉，当我们想要收获一个人的真心，我们就一定要告诉对方：你很重要。

"你很重要"，尽管只有区区四个字，却具有神奇的魔力，能够瞬间让人感到受重视的满足，也因此不由自主地觉得对他说这四个字的人同样重要。人与人的付出，一定不是单方面的，而是双向的。你付出什么，就会收获什么，因而如果你真心诚意地告诉他人"你很重要"，对方也同样会觉得"你很重要""你是我很在乎的人"。如此一来，彼此的交往一定更加深入。

琳琳是一个自我意识很强的人，而且自我感觉超好，总觉得自己是最棒的，最优秀的，也是深受每个人喜爱的。然而，这次相亲，琳琳却备受打击。原来，这次相亲是爸爸的同事安排的，男方就是爸爸同事的儿子。对方条件很优秀，哈佛大学毕业，现在在金融业工作，是青年才俊。由于在相亲之前就了解了男方的基本情况，也看过男方的照片，因而琳琳对男方很满意。不承想，她真正见到的却是一个无比傲慢的人。

在整场约会中，男方张口闭口都是"我"怎么样怎么样，从未想要了解琳琳的基本情况。对于这个骄傲自负的男方，琳琳暗暗想："即便你再怎么优秀，我也不会喜欢你。"让琳琳大跌眼镜的是，在约会结束时，男方居然毫不掩饰地对琳琳说："实际上，我是被爸爸逼着来相亲的。咱们并不般配，因为条件相差悬殊。"这句话让琳琳恨不得端起桌上的饮料泼到男方的脸上，但是碍于爸爸的面子，她忍住了。这次相亲让琳琳元气大伤，一下子就觉得自己不那么优秀，甚至卑微起来。后来，大姨又给她安排了一次相亲。这次的男孩虽然条件不是那么优秀，但是非常绅士，不管是叫饮料，还是叫甜点，他都会第一时间考虑到琳琳的喜好，让琳琳感到呵护备至。约会结束后，男孩贴心地送琳琳回家。他们走在凉风习习的马路边，男孩让琳琳走在自己的右手边，走在靠近马路牙子的那一侧。琳琳问："为什么？"男孩笑着说："因为你很重要。"这句话，让琳琳深受感动，心里暗暗地说："就是这个人了。"果然，琳琳与男孩交往神速，半年之后就已经开始谈婚论嫁了。

一句"你很重要"，让男孩在体贴之余，更加深刻地打动了琳琳的心。每一个女孩，都希望成为梦想中的公主，被白马王子呵护备至。琳琳找到了那个视她非常重要的男孩，因而一改挑三拣四的常态，很高兴地接受了男孩的追求。

"你很重要"，简简单单一句话，不但能够告诉他人他很重要，也能帮助我们变成他人心目中很重要的人。毫无疑问，每个人都希望自己备受瞩目，当你慷慨地给予他人这份关注，他人也会同样地回报于你。

## 第二章
## 霍桑效应，人人渴望被赞美

## 赞美是沟通最好的"润滑剂"

每个人都喜欢听到赞美,都喜欢受到他人的恭维。只要赞美得合适,恭维得不夸张,就会受到他人的欢迎。就算冷静之后,对方知道你说的不过是奉承话,也会沾沾自喜,欣然接受你的赞美。逢人送一顶高帽子,能让你更受欢迎,从而更容易建立良好的人际关系。

为什么给人戴高帽子非常受欢迎?最主要的原因就是,渴望得到他人的肯定与尊重,已经成为人性中根深蒂固的东西之一,而给人戴高帽刚好满足了人性中的这种需求。

有一名京官将要启程到外地任职,临行前前往恩师处拜别。老师交代他说:"外地的官可不是好当的,你一定要小心谨慎,处处都要留个心眼。"

京官回答说:"老师,您尽管放心,我已经准备了100顶高帽子,见一个人就送一顶,如此一来,我就不会遇到什么麻烦了。"

老师听了大怒,训斥道:"哪有你这样做事的?当官怎么能搞这一套?千万不能搞歪门邪道!"

# 第二章 霍桑效应，人人渴望被赞美

京官叹了口气，回答说："老师说得对呀，可是，如今这世上，还有多少人能像老师您这样呢？要是都像您一样不喜欢戴高帽，我就不会搞这一套了。"

听了这话，老师转怒为喜，连连点头说："没错，如今大家都很势利，不喜欢戴高帽子的人少之又少。"

从老师那里辞别出来后，京官乐呵呵地对别人说："没想到呀，我准备的100顶高帽子，如今还没有赴任，就已经剩下99顶了。"

这个案例告诉我们，人人都喜欢戴高帽子，那些自称不喜欢戴高帽子的人，只是因为你还没有找到适合他戴的高帽子，一旦你掌握了他的特点，做到投其所好，就能成功地把高帽子戴到他头上。

从是否善于给人戴高帽的角度，可以把我们身边的人分为三类：第一类，总是擅长恭维人，喜欢给人戴高帽子，说话喜欢拣他人喜欢听的，能够建立良好的人际关系，人脉资源比较丰富；第二类，不懂得赞美的艺术，不会主动给人戴高帽子；第三类，性格比较耿直，很看重个人尊严，明知道给人戴高帽子有很多好处，可是却不屑于这样做，觉得当面说出别人的优点是在恭维人，认为给人戴高帽子有献媚的嫌疑。一般情况下，后面这两类人往往容易吃亏，在现实生活中获得的利益比较少。

无论是在日常生活中还是在工作交流上，赞美别人是每一个人都可以受用的法宝。假如你想得到他人的帮助,又害怕对方拒绝你的请求,不妨先给对方送一顶高帽子。

小何在工作中遇到一个特别棘手的问题,想独立完成是不可能了,于是他想请小赵帮一把,因为小赵在这个领域颇有研究,懂得很多专业知识。不过,该怎么开口说呢?

小何来到小赵的办公室,对他说:"赵哥,我遇到一个特别棘手的问题,实在是没能力独自完成了,能帮我一把吗?"

小赵正忙着自己的工作,眼睛一直盯着电脑屏幕,连头都没抬就回绝说:"真是抱歉,这一段时间我工作挺忙的,抽不出空来。要不这样吧,你找一下其他人,看他们有没有时间?"

小何知道小赵不肯帮忙,于是决定送他一顶高帽子,便对他说:"赵哥,在这个领域,谁都知道您是行家,可以毫不夸张地说,在咱们公司,您是这个领域的老大,没有您的帮助,谁都不可能独立完成。"

小赵是一个虚荣心特别强的人,听了小何的话后,他非常高兴,立即就答应了小何的请求,帮他完成了工作。

实际上,给人以赞美既可以取悦别人,又可以帮助自己,这是一种能让你迅速达到目的的策略,也是一种与人沟通的有效技能。不过,虽然每个人都渴望被人关注,被人欣赏,但是很少有人愿意接受和实际不符的虚伪奉承。

想赞美别人,就要具有比较好的洞察力,把握对方的心理,善于发现他人最得意的事情，然后赞美他最想让人提到的事情。只有这样，才能把恭维话说到别人的心坎上，从而收到良好的效果。假如你观察不力，恭维的都是别人的不足之处，甚至是别人极力隐瞒的秘密，那么你拍马屁就会拍到马蹄子上了。虽然同样是给人戴高帽子，但是结果只会适得其反。

## 抓住对方优点，重点赞美

恰如其分地称赞他人得意的事情，可以在很大程度上缩短两个人之间的心理距离，增加你在对方心目中的好感值。假如你经常在人前谈论他的得意之事，他就会非常高兴，对你充满好感，甚至把你奉为知己。

每个人都有被他人称赞的需求，因为被称赞能让人得到一种心理上的满足。与人沟通时，人们总是喜欢提及自己得意的事情，因为那些事情可以给他们带来快乐。因此，在现实生活中，不管是与朋友交往还是与客户交流，都不妨多谈对方得意的事，这样更能赢得对方的认同。

比如，如果称赞将军，就称赞他曾经叱咤战场，曾经屡立战功；如果称赞医生，就称赞他妙手回春，以及他在医学上取得的突出成就；如果称赞学者，就称赞他才高八斗，称赞他发表的专著。一般情况下，每个人都有他独特的闪光点，都有值得自豪的地方，从这些地方出发，然后真诚地加以赞美，往往能收到不错的效果。

美国著名的柯达公司创始人伊斯曼，为了在罗彻斯特建造一座音乐堂、一座纪念馆和一座戏院，捐赠了很多钱。很多制造商都想承接这些建筑物里的座椅，为此，他们展开了激烈的竞争。可是，每一个找伊斯曼谈生意的商人最后都败兴而归。此时，一家公司的总经理亚当森前来拜见伊斯曼，希望承接这个项目。

还没见到伊斯曼本人，伊斯曼的秘书就给亚当森一个下马威，对他说："我知道您特别想得到这批订单，可是我必须告诉您，假如您占用伊斯曼先生的时间超过5分钟，您就无法得到订单。他可是一个大忙人，进去后，您应该速战速决。"

见了伊斯曼后，亚当森没有谈生意，而是对他说："伊斯曼先生，在我等您时，我仔仔细细地观察了您这间办公室。虽然我长期从事室内的木工装修，可是从来都没见过装修得如此精致的办公室。"

伊斯曼回答说："你不提这件事我都忘了，这间办公室是我亲自设计的，当初刚建好时，我特别喜欢，可是后来一忙，就忽略它了。"

亚当森来到墙边，拿手擦了擦木板，说："我敢说这肯定是英国橡木，意大利的橡木不可能是这样的质地。"

伊斯曼高兴地站起身，回答说："没错，这的确是从英国进口的橡木，我的一位朋友帮我订的货，他可是研究橡木的行家！"

伊斯曼的心情非常好，带着亚当森仔仔细细地参观他的办公室，把办公室里的每一样装饰都介绍给亚当森，从木质谈到比例，从比例谈到颜色，从颜色谈到价格，甚至详细介绍了他设计的经过。

亚当森始终保持微笑，饶有兴致地聆听着。见伊斯曼谈兴正浓，亚当森顺势询问他的经历。伊斯曼毫无保留地讲述起曾经的苦难岁月，从青少年时期多么贫穷说到母子俩怎样在贫困中挣扎，最后谈到自己是如何发明柯达相机的，还谈到自己正计划着把巨额财产捐赠给社会。亚当森则一直露出钦佩的目光，对伊斯曼大加赞扬。

原本说好的谈话时间不超过5分钟，结果亚当森和伊斯曼聊了几个小时。就这样，亚当森拿到了订单，还和伊斯曼结下了终身的友谊。

为什么伊斯曼把这笔大生意给了亚当森，却没有给别人呢？这和亚当森的高情商不无关系。试想一下，如果亚当森刚进伊斯曼的办公室就谈生意，很可能会像其他人一样被赶出来。亚当森的高明之处就在于，他懂得从伊斯曼得意的事情谈起，巧妙地赞扬了伊斯曼的成就，这样就使得伊斯曼的自尊心得到了极大满足。

赞美别人不单单是说一些甜言蜜语这么简单,因为说甜言蜜语的人太多了,许多人对甜言蜜语已经形成了免疫力。赞美别人,就要考虑对方的性格、职业、文化修养、个人经历、心理需求,恰如其分地赞美对方引以为豪的事情。只有恰如其分地赞美对方引以为豪的事情,才能给人一种真诚、贴切的感觉,而不是给人一种虚伪、做作的印象。

到位的赞美一定是建立在细致的观察之上的,因为只有通过细致的观察,才能投其所好,赞美得恰到好处。比如,对方是一个身材肥胖的人,你偏要赞美他的身材,肯定会给对方一种你在讽刺他的感觉;对方明明有口吃的毛病,你偏偏赞美他口齿伶俐、说话利索,估计对方不仅不会领情,还会有暴打你一顿的冲动。

与人沟通时,假如对方谈到了自己得意的事情,那就是期待你和他一起分享他的喜悦,我们可以把这当做是他准备接受你的赞美的信号。我们在人际交往中,可以抓住人们的这种心理,促成有效沟通,既然他想听的是别人赞美他得意的事情,为什么不多谈谈这些呢?赞美是有"保质期"的,千万不要等到"黄花菜都凉了"再去赞美。

## 别出心裁的赞美给人意外惊喜

别出心裁的赞美往往能深入人心，变个花样去捧人更能拉近双方的心理距离。与人沟通时，我们要变个花样去捧人，让我们的赞美与众不同。

林肯曾经说："一滴蜜糖比一滴苦汁能吸引更多的苍蝇。"许多人都有虚荣心，都喜欢他人的赞美。可是，当对方每天都面对同样的赞美之词，已经心生厌倦的时候，你的赞美不仅不会赢得对方的好感，还会让对方觉得厌恶。因此，赞美他人时，我们应当变个花样，让我们的赞美与众不同。

著名作家三岛由纪夫的作品中曾有过对一名将军的描写，那名将军不喜欢别人夸耀他的功绩，也不喜欢有人称赞他的作战方式，却喜欢别人称赞他美丽的胡须。对于一位将军来说，英勇善战和富于谋略都是最基本的素质，是不足为奇的，如果在这些方面夸耀他并不能得到他的好感；相反，假如不称赞他的军事才干，而是称赞他的其他方面，肯定能让他感到无比满足。

李帅开了一家律师事务所，在一次校友聚会上，他结识了一位具有非凡才干的年轻律师，希望把他拉拢过来，到自己的律师事务所上班。不过，参加聚会的校友有很多，而且大家都是学法律的，开律师事务所的人不在少数，很多人都注意到了这位年轻有为的律师，都想把他收到旗下。

许多人都夸奖这位年轻律师口才好，在法庭上能够巧妙地辩论，一定会前程似锦。可是，李帅并没有这样做，甚至没有说一句赞美的话。他只是向那位年轻的律师讲述了自己成长的故事，然后对他说："我一直没向任何人讲过我的这些经历，没想到今天竟然把这些事告诉给你了。不知道为什么，我总觉得你这个人与众不同，比我见的那些律师多一些特殊的东西。"

几天后，那位年轻的律师主动给李帅打电话说："师哥，我想去你的律师事务所工作。怎么样，可以赏口饭吃吗？"

李帅非常惊讶，不解地问："你这么优秀，来我这'小庙'，不怕容不下你这'大佛'？为什么会选择来我这儿上班？"

那位年轻的律师回答说："因为你给我的印象不错，我觉得你很真诚，不像那些心口不一的人。"

与人沟通时，告诉对方："这是我们之间的秘密，我从来没有告诉给任何人，我觉得你与众不同，所以才告诉你。"这句话几乎已经成为今天的交际达人必备的新术语，被广泛地应用于和他人的交流中。听到这种话后，对方肯定会想：他信任我，所以才愿意把心里话告诉我，这说明我在他的心中有一定的地位；他没把心里话告诉给别人,却告诉给我,是因为他觉得我和别人不一样。

对于女性来说,每一个女人都喜欢别人称赞她的容貌,夸她倾国倾城,可是那些沉鱼落雁的女子,对这种赞美方式已经有了免疫力,不会有太大的惊喜。因为她们对自己的容貌有足够的自信,更喜欢别人可以从她们身上发现一些其他优点,希望听到一些新奇的赞美。遇到这种情况,与其赞美她们闭月羞花,不如赞美她们聪明、温柔、有能力,相信这会令她们芳心大悦,更会让你在她们心目中留下深刻的印象。

而对于销售人员,在他们与客户沟通时,那些千篇一律的说辞就容易让客户觉得厌倦,厌倦那些陈词滥调或不着边际的话。实际上,客户已经听惯了锦上添花式的赞美,不会因为听到这些而喜悦。就像一位很帅的小伙走进你店里时,你称赞道:"小伙子,你真帅!"尽管你的赞美很真诚,可是他已经听惯了这样的话,所以很难产生喜悦感。假如你对他说:"小伙子,你的发型真酷!"相信他一定会喜上眉梢。也就是说,只有那些有创意的赞美,才能触动客户内心深处的那根弦,让客户心甘情愿地和你交流。

有一位长相很普通的女孩走进一家首饰店,销售员连忙迎上去,问:"美女,您有什么需要?"

听到那声"美女"后,女孩并没有心花怒放,而是觉得那是一种讽刺,所以她冷冷地回答说:"随便看看。"

销售员说:"美女,您看一下我们这儿的项链吧,和您那漂亮的脸蛋非常配,买一条肯定能让您更加漂亮。"

女孩很生气,又来到另一家首饰店。

销售员问:"小姐,请问您需要什么?"

女孩回答说:"随便看看。"

销售员赞美说:"您身上的这件裙子挺漂亮的,也很别致。"

女孩问:"是吗?"

销售员回答说:"是啊,这是渐变色吧,由浅入深,很独特的,显得您特别有气质。不过就是缺少一条项链,否则效果一定会更好。"销售员很聪明,此时才转入正题。

女孩回答说:"其实我就是这么想的,只是苦于不懂得搭配,害怕选不好。"

销售员体贴地说:"没关系呀,有我呢!来让我看看,给您选一条合适的,保证您满意!"

最后,销售员成功把项链卖给了这个女孩。

每个人都有自己独特的优点,经验丰富的销售员懂得根据每位顾客的特点,想出一些别出心裁的赞美。就像案例中的这个女孩,虽然相貌很普通,但是裙子却很别致,显得很有气质,销售员正是根据这一点来赞美她。对于那些脸蛋比较漂亮的人,赞美她们漂亮无可厚非,可是对于那些长相一般的顾客,这样赞美她们几乎等同于讽刺。

因此，要想让别人认可你，就要抓准对方的心理，从独特的角度发现他们与众不同的特点，让你的赞美新奇一些。

## 真诚是所有赞美的前提

爱听溢美之词是每一个人的天性，每个人听到他人的赞美时，心中都会产生一种莫大的优越感和满足感。因此，懂得如何说赞美话的人往往比较受人欢迎，办事也更加顺利。

不过，值得注意的是，赞美和阿谀奉承是不同的。卡耐基曾说："赞美和阿谀奉承有什么区别呢？非常简单。赞美是真诚的，阿谀奉承是不真诚的；赞美是出自内心的，阿谀奉承是从牙缝里挤出来的。"其实，赞美和阿谀奉承有本质的区别。赞美是对他人优点的充分肯定，表达自己的尊重和敬佩之情，或给人以精神上的激励；相反，阿谀奉承是不惜牺牲自己的尊严去恭维他人，是出于一种不可告人的企图，是巴结、讨好别人，是令人不齿的趋炎附势。

霍尔·凯因出生在一个十分贫穷的家庭，父亲是一名铁匠。由于家境十分清苦，所以霍尔·凯因仅仅读了8年书，辍学后便开始在外面四处打工。霍尔·凯因一直都很喜欢十四行诗和民谣，十分崇拜英国诗人罗塞蒂的文学和艺术修养。

一次，霍尔·凯因给罗塞蒂写了一封信，在信中高度称赞了罗塞蒂在艺术方面取得的突出成就，并且倾诉了自己的仰慕之情。

接到信后，罗塞蒂十分高兴，虽然从没有见过霍尔·凯因，却对他充满了好感。罗塞蒂心想：他这样赞美我，可见他能读懂我的诗，肯定是一个特别有才华的人。不久后，罗塞蒂邀请霍尔·凯因来伦敦做自己的秘书。

霍尔·凯因做梦也没有想到，自己竟然有机会做罗塞蒂的秘书。这件事情改变了霍尔·凯因的一生，因为出任罗塞蒂的秘书后，霍尔·凯因有许多机会和当时的著名文学家往来，因此得到了很多文学家的指点和鼓励。几年后，霍尔·凯因逐渐在文学圈内崭露头角。

不久后，在罗塞蒂的帮助和自己的努力下，霍尔·凯因终于取得了成功。霍尔·凯因的私人府邸甚至成了世界各地观光者必定要瞻仰的名胜之一。

其实，霍尔·凯因之所以能够迈上成功之路，很大程度上是因为他对别人的一次赞美。假如当初他没有写信给罗塞蒂，也许他只能穷困一生。

虽然人人都喜欢听赞美话，但是没有人喜欢听特别露骨的奉承话。由于真正能打动人的是发自内心的真诚，所以，赞美并不是单纯的阿谀奉承。

真诚的赞美反映的是一个人对另一个人的认可，可能是觉得对方比较漂亮，也可能是觉得对方品格高尚，还可能是觉得对方的言谈举止合乎自己的原则。也就是说，在两个人中，其中一个人在另一个人身上发现了符合自己理想和价值标准的可贵之处。可是，阿谀奉承却不是如此，它并不是发自内心地认可另一个人，而是出于某种目的，更像是一种投资。有人说："阿谀奉承者的语言是热情的，可是内心却是冰冷的。"

赞美之辞要实事求是。有理有据的赞美才能深入人心，而缺乏依据的赞美只不过是在凭空捏造。赞美他人时，一定要有针对性，而不是任意扩大只能用一般词语赞美的东西。阿谀奉承之徒刚好相反，他们总是把一个人的缺点夸耀成优点，赞美他人时夸大其词，把他人的小优点吹捧成大优点，以此取悦他人。并非所有赞美都可以让听者高兴，只有那些建立在事实的基础之上的赞美才能让对方受用。如果你的赞美之词无根无据、虚情假意，对方不但会觉得莫名其妙，还会觉得你油嘴滑舌、虚伪狡诈。

## 巧用背后赞美，事半功倍

现代社会，不管是父母对待孩子，还是成人之间的彼此交往，人们都更加重视赞美的重要作用。因而，与以往的不好意思直接赞美他人相比，现在越来越多的人把赞美挂在嘴边，动不动就赞美他人。虽然慷慨的赞美有利于人际关系的提升，但是泛滥的赞美却往往事与愿违，导致一切事情都改变了味道。

很多人在听到他人频繁的当面赞美时，会觉得这份赞美是虚情假意的。因而，他们非但不感激他人的赞美，反而对他人心生抵触，甚至产生戒备心理。在这种情况下，慷慨地给予他人赞美已经不是当务之急，最要紧的是如何采取最恰到好处的方式，才不至于让赞美被误解。

只要用心思考，赞美还是有很多办法让他人乐于接受的。例如，对于初次见面的陌生人，我们应该赞美其显而易见的优点；对于熟悉的人，我们应该赞美他们不为人注意的地方；对于虚荣心强的人，我们可以当着他人的面给予赞美；对于低调内敛的人，大张旗鼓的赞美往往使其感到不适，唯有真诚的发自内心的赞美，

## 第二章 霍桑效应，人人渴望被赞美

才能让他感受到你的用心……在诸多方法中，背后赞美是一种对各种人都行之有效的方法。

何为背后赞美呢？顾名思义，就是在被赞美者不在场的情况下，真诚地当着他人的面赞美他们。在大多数情况下，人们都渴望得到赞美。然而，当面赞美虽然效果很好，但是如果稍有不慎，尤其是在有求于人的时候，就会给人以虚伪的感觉。背后赞美则完全不同。背后赞美首先并不是直接赞美，而是在第三人的面前赞美对方，因而你赞美的动机会显得非常纯粹，即你一定是出于真心才会在背后赞美他人。也是从这个角度出发，恰恰证明了背后赞美一定是发自内心的，否则谁会在当事人不在场的情况下拍马屁呢？当这番赞美之词通过他人之口传到当事人耳中时，当事人一定会非常感谢你的真心赞美，也会相应地对你产生好感。背后赞美便成了真诚赞美的象征，一句背后的赞美，往往抵得上100句当面的赞美。如此一来，你与对方的关系当然会变得更加亲密。

单蕾是个应届毕业生，毕业后就进入现在的这家公司工作，因为不懂得人情世故也不明白职场的很多潜规则，因而没少得罪人。这不，前段时间上司因为单蕾负责的一项工作没做好就大发雷霆，当着办公室所有同事的面训斥单蕾。单蕾从小在父母的细心呵护下长大，哪里受过这个气呀？因而当场与上司顶撞起来，弄得上司也非常难堪。为此，上司愤然离去，不愿意再与单蕾

033

沟通。

　　事后，学姐知道这件事，狠狠地批评了单蕾一顿，说："你这个黄毛丫头，初出茅庐，哪里懂得职场上的艰难哪？难道你以为上司也会和你的父母那样宠爱着你吗？别做梦了。对于上司，总归是应该尊重的。上司训斥你你还觉得丢脸，那么你当着那么多人的面顶撞上司，不买上司的账，难道上司不觉得丢人吗？如果不想办法尽快缓和关系，现在还是冷落你，过段时间就该找个理由辞退你啦！"听了学姐的话，单蕾这才意识到问题的严重性。然而，让她直接找上司道歉，她可不甘心也不好意思。如何才能既向上司示好，又保全自己的面子呢？思来想去，单蕾想出了一个好办法。

　　有天中午吃饭，单蕾特意凑到马凯身边，与马凯同坐一张桌子。原来，马凯是上司的心腹，上司不但工作上器重马凯，生活中也与马凯私交甚好。单蕾一边吃饭，一边漫不经心地谈起自己工作以来的感触。她不露痕迹地说："马凯，你最喜欢办公室里的谁呢？"马凯笑而不语，说："你呢？"单蕾逮住机会赶紧说："我最喜欢张主管。虽然他是我们的顶头上司，而且对我们要求严格，但是在他的管理下，我觉得自己进步神速呢！最重要的是，张主管特别宽宏大量。上次，我在办公室里公然与张主管顶撞，原本以为自己一定死定了，肯定会被开除。不承想，这都半个月了，张主管对我一如往昔，还是经常点拨我，帮助我。要不是张主管宽容，只怕我现在又在四处找工作了呢！"马凯笑着说："当上司也不容易，我们都要互相体谅啊！"事后，马凯在与张主管聊天时，自然而然地说出了单蕾的这番话，张主管笑着说："这个小丫头，还算是有良心，心思也挺细腻。"

不得不说，单蕾还是非常聪明的。她既不好意思直接找张主管道歉，又担心自己的工作不保，因而就想出了这个两全其美的好办法，既背后赞美了张主管，收到了良好的效果，又保住了自己的工作，还有可能得到心中释然的张主管特殊的优待，简直好处多多。

任何时候，背后赞美他人的效果都是更加显著的，比当面的恭维显得更真诚，也更容易让人信服。尤其是在职场上与上司相处时，当面的赞美很可能被当成曲意逢迎、阿谀奉承，但是背后赞美则不存在这个问题。当有朝一日你的赞美传到上司耳朵里时，你一定会在上司心目中留下好印象。此时，即使你与上司此前有什么不愉快，也会烟消云散。

背后赞美虽然不是当面赞美，但是效果却更加显著，而且拥有强大的力量。因而，在与他人交往的过程中，如果你想给他人留下好感，拉近自己与他人之间的关系，你就可以采取背后赞美的方式表达真心实意。如果你还想有求于人，那么你也可以运用这种心理学策略，故意在与对方熟悉的第三人面前赞美对方，相信不久之后你的赞美就会传到对方的耳朵里，给对方以大大的惊喜，再求人办事时自然有了良好的铺垫。

## 突出细节的赞美更可信

赞美一个人时,如果你能具体说出对方好在什么地方,而且你所说的内容又是真实存在的,那么,对方就能感受到你的真诚、可信。所以,称赞他人时要体现出细节,让对方感受到你的真诚。

当你称赞一个人"真好""真漂亮"时,他的心中就会立即产生一种心理期待,想听你继续说下去,肯定会想:"我好在哪里?""我漂亮在哪里?"这个时候,假如你的赞美不够具体,就会让他特别失望。所以,要想让你的称赞更有效果,就要学会具体化赞美。称赞他人时要体现出细节,这样才能让对方感受到你的真诚。

王杉的妈妈已经70岁高龄了,老伴刚去世,所以她心情很苦闷。老伴没去世时,她每日忙忙碌碌,整天乐呵呵的。老伴去世后,王杉就把她接到自己家中了,什么事情都不让她干,唯恐累着她。这本是好心,可是老太太忙惯了,猛然闲下来很不习惯,渐渐地开始找王杉唠叨:"我年纪大了,没有什么用处了,几乎成废人了。"

## 第二章 霍桑效应，人人渴望被赞美

王杉连忙劝慰道："妈，您快别这么说，您一点儿都不老，我们都很需要您，离开您可不行。"谁知道，老太太听了后，竟然生气地说："你就骗我吧，整天就知道拿一些没用的哄我！"

一天，王杉的儿子放学回家，高兴地对老太太说："奶奶，奶奶，您前几天给我讲了一个老红军的故事，我写作文时写进去了，今天语文老师当着全班同学的面表扬我了，说我写的老红军的故事非常好，很让人感动。奶奶，您讲的故事真好，再给我讲一个吧！"

老太太非常高兴，把小孙子抱在怀里，又开始给他讲故事。通过这件事，王杉意识到赞美老人要体现出细节，于是经常对老太太讲："妈，您今天煲的汤味道太好喝了，火候掌握得非常好。"听了这话，老太太笑得合不拢嘴。

夸一个人聪明、能干，自然能取悦于他，但是他在高兴之余肯定会想知道自己到底哪里聪明、如何能干。假如你不说出具体的内容，时间长了就会让人觉得你在敷衍他，最后会适得其反。正如案例中王杉对自己的妈妈说的"您一点儿都不老，我们都很需要您，离开您可不行"这种笼统、空洞的话，老太太一听就知道是在敷衍人，所以很不高兴。

电影《画壁》里有一个细节：闫妮出演大姑姑，每天早上都要问下面的仙女："我美吗？"仙女异口同声地回答说："美。"

姑姑只是淡淡地笑了笑，然后转头问芍药："芍药，你说我美吗?"

芍药回答说:"姑姑今天很美。蓝色的眼影和蓝色的纱裙相呼应,发髻也绾得很别致。"

听了这话,姑姑哈哈大笑,心中非常高兴。

假如芍药也像其他仙女那样,只是笼统地回答一声"美",相信她肯定无法得到姑姑的重视,更无法成为姑姑的接班人。任何人赞美的目的都是为了打动他人,得到他人的好感,但是空洞而没有实际内容的赞美,最后只会让对方更加疏远你。

与人沟通时,应该从具体的事件入手,善于发现别人微小的优点,不失时机地予以赞美。赞美他人时,语言越详细越好,因为那样说明你很了解他,非常看重他的优点和成绩。另外,具体的赞美还有助于拉近你们之间的关系。假如你只是含糊其词地称赞对方,对他说"你工作很出色"或"你真好"等空泛的话语,很容易引起对方的反感,甚至让对方产生误解。

空洞的赞美一旦泛滥,就无法打动他人的心。我们唯有说出一些具体的溢美之词,才更容易让对方觉得我们的赞美是认真的、细致的。总之,赞美他人,不要说一些空泛无力的话,而一定要具体化、细节化,要根据具体的事实进行评价。

>>> 第三章

# 温暖法则，沟通需要和谐的氛围

## 委婉表达不满，重点在言外之意

细心的人会发现，越是陌生人之间，越是会彼此尊重，彬彬有礼，人们对待陌生人时也会表现得更加宽容，而不会过于苛责。但是对于熟悉且亲密的人呢，很少有人会怀着宽容的心态对待他人，而是会非常挑剔苛责。比如情侣之间，尤其是夫妻之间，相看两欢喜的时候少，相看两生厌或者两无言的时候居多。这正应了那句话，相爱容易相处难，越是关系亲密的人之间，越容易表现出不满情绪，从而伤害彼此的感情，导致交往变得更加艰难，无法进行下去。

实际上，人与人之间的关系并非是一成不变的。很多时候，只要我们愿意，我们总是能够找到恰到好处的方法对待他人，达到既不伤害他人，又委婉表达自身不满和委屈的目的。其实，如果不好意思直接指责他人，我们也可以以自言自语的方式向他人暗示我们的不满。这样一来，我们既表露了自己的心声，别人就算听到我们喃喃自语的抱怨，也无法与我们反目，毕竟我们是在自言自语呀，难道我们连自言自语的权利都没有了吗？

现实生活中，大多数人都无法接受他人对自己的指责，因而我们可以想方设法让他人无意间听到我们的抱怨，了解我们的想法，而又无从责怪我们。比如有的婆媳在一起生活和居住，彼此关系紧张，甚至到了水火不容的地步，那么婆媳都要比较注意，尽量减少正面冲突。假如儿媳妇发现婆婆总是看电视，影响自己的作息了，那么可以嘀嘀咕咕："哎呀，一天工作这么累，回到家里还总是有声音，根本没法安心休息。什么时候家里的电视才能放个假？不要天天工作到深夜呀！"显而易见，儿媳妇的话是自言自语，而且她并没有毫不掩饰地指责婆婆。在这种情况下，婆婆当然也挑不出儿媳妇的错误来，但是又因为了解了儿媳妇的苦衷，必然要有所收敛。如此一来，儿媳妇和婆婆并没有产生任何冲突，却达到了目的，岂非两全其美？毕竟自言自语没有攻击性，但是与事情相关的人却会因为这样的暗示，主动反思自己，从而使得事情得以圆满解决。

大学毕业后，很多大学生才开始工作，经济实力并不强，因而居住方面以与人合租为多。婷婷和桃桃是大学同学，如今也是同事，因而理所当然共处一室，而且还睡在一张床上。刚开始工作时，她们对于毕业后截然不同于学校的生活感到很新鲜，也算相安无事。但是随着时间的流逝，婷婷开始对桃桃有意见。

比如婷婷和桃桃偶尔会和其他室友一起吃饭，其他室友做了好吃的，会喊她们一起吃。时间长了，婷婷总是主动买些食材、水果等东西带回家，毕竟总吃别人做好的，别人不但要花钱买食物，而且还花费了很多的时间和精力呢。但是桃桃却不这么想，她总觉得自己吃得少，认为自己只要吃几口就饱了，所以从来不买东西带回家。渐渐地，室友再做饭的时候就只喊婷婷，故意冷落桃桃，婷婷虽然暗示了桃桃几次，桃桃却都装作听不懂的样子继续蹭吃蹭喝。

再如，婷婷和桃桃、甜甜一起上班，一起回家吃饭睡觉，有的时候在回家路上买水果或者是买快餐，桃桃总是不带钱，而是让婷婷帮她垫付，说回家之后就给婷婷。但是一次又一次，桃桃不是完全忘记这回事，就是会自动舍掉零头，从而只给婷婷一部分钱。而且桃桃从未买过日常生活用品，诸如洗发水呀，沐浴露呀，她从来都只是用婷婷的，还非常浪费，从不珍惜。渐渐地，婷婷对桃桃实在忍无可忍了，但是又不好意思直接和桃桃说。有一天，婷婷故意打开卫生间的门，大声抱怨："上帝啊，这是谁天天都在喝我的洗发水和沐浴露吗？我怎么买一大瓶洗发水和沐浴露，但是只要一个多月就被用光了呀？我的工资全都用来买洗发水和沐浴露啦！"桃桃听到婷婷的话，再也不好意思继续蹭婷婷的洗发水和沐浴露用，只好自己去买了。

对于很多厚脸皮的人而言，只是委婉地暗示，并不能让他们有所收敛。这种情况下，如果故意大声抱怨或者自言自语，那么他们无论如何也不能继续伪装下去。现实生活中，我们经常会对他人的言行不满，如果不想与他人起正面冲突，故意自言自语表达自己内心的想法，是一种非常好的方法，能够避开他人的锋芒，又能达到自己发泄和提醒他人的目的，可谓一举两得。

通常情况下，人们更愿意相信自己，因为大多数人都不愿意被他人指挥，而是想遵从自己的内心做出改变。正因为这样，我们才要更加学会以巧妙的方式表达不满，从而避免犀利的言辞伤害他人，也得以维护与他人之间的良好关系。

## 说话切忌太直白

在人际交往中，有的事不必弄得太明白，只要大家心知肚明就可以了。俗话说"看透别说透"，事情说得太白，反而会伤和气，或显得太无聊。懂得此道理，在交际中才能游刃有余。

一日，老姜在县上巧遇好友老刘。一番寒暄之后，老刘说道："我正想去找你，恰好你来了。"

"有啥事我能帮上忙的？"老姜好奇地问。

"×镇的朱××诉H镇的周××赔偿一案，是你们受理的吧？"

"是啊。"

"周××是我的老乡。他是复员军人、共产党员,这人——"老刘说。

老姜插话笑道:"你不必介绍他的政治面貌了,我们又不选拔干部。如果看政治面貌,那么,若遇上一件书记告贼的民事案子的话,岂不是连审判程序也不必进行,直接判书记胜诉就行了吗?"

"对对对。"老刘连连点头。

"人们总爱把犯过错误的人看扁,犯过错误的人又不敢激烈申辩自己的正确主张。你是明理之人,为他辩护即可起到维护其合法权益的作用。你说,对吗?"老姜说。

"言之有理。"

一番说笑后,二人分手了,没有因此产生半点儿隔阂。

相反,那些事事追究到底、口无遮拦地说出心中所想的人,在很多时候往往会破坏原本融洽的气氛。

在一次会议上,张教授遇见了一位文艺评论家。互通姓名后,张教授对这位文艺评论家说:"久仰久仰,早就知道您对星宿很有研究,是位大名鼎鼎的天文学家。"评论家半天没有反应过来,以为是张教授搞错了,忙说:"张教授,您可真会开玩笑,我是搞文艺评论的,并不研究什么天文现象。您是不是弄错了?"张教授正言答道:"我怎么是跟您开玩笑呢?在您发表的文章里,我时常看到您不断发现了什么'著名歌星''舞台新星''歌坛巨星''文坛明星'等众多的星宿,想来您一定是个非凡的天文学家。"弄得这位评论家尴尬不已,什么也没说,坐了一会儿就走了。

为人处世,虽须炼就一双"火眼金睛",同时也要做一只"闷嘴葫芦",这样才能万无一失。像故事中的张教授以为自己看得挺明白,于是就对人大加指责;而故事中的老姜则不同,他明白"看透不说透"的道理。这两种人在处理事情时得到的结果也自然不同了。

谁都会有出错的时候,如果只是一味泄私愤、横加批评、讲刺话,总是数落对方"你怎么这么笨""你怎么总是这样""你这样做太不应该了"等,是不太妥当的。

人非圣贤,有时难免会做一些不适当的事。在这种情况下,就要把握好指责他人的分寸,即使看破别人的心思也不要去点破。要保全别人的面子,这是在社会丛林中生存的法宝。

当某人行事真有问题时,在他内心有时会反省,觉得抱歉,恐慌,不知所措,此时如果你再批评指责他,那么他会因为你的谴责而羞愧难过,有的甚至从此一蹶不振,无法再次树立自信。如果换种语气,换个方式,比如,"从今以后,你会做得比这次好",或者"我想,下次你一定不会再犯这样的错误了"等诸如此类的话,对方不仅会感激你对他的信任,同时会感受到你的真诚,更重要的是有了改正错误的信心,对方在今后的工作、生活中,必定小心谨慎。

## 温暖真诚的语言，对方更容易接受

常言道："良言一句三冬暖，恶语伤人六月寒。"很多时候，语言的威力非常强大，甚至远远超出人们的想象。因此，在与人交往时，我们千万不要不假思索以语言攻击和中伤他人，而要宽厚友善，即便得理也要让人三分。唯有如此，我们才能给身边的人带去温暖，得到他们的尊重和信赖。

现实生活中，每个人都有自己生活的小圈子。在这个小圈子里，也许就有很多人需要我们安慰。有的朋友做生意失败，或者婚姻生活不如意，需要安慰；工作中，有的同事工作失误，被老板批评了，甚至扣掉年终奖，也需要我们安慰；家庭生活里，我们也要与至亲至爱的父母、爱人和孩子交往，当他们遇到为难的事情时，不仅需要我们来分担，更需要我们的安慰。在这些情况下，假如我们哪壶不开提哪壶，总是拣着别人不愿意听的话说，甚至故意说些让人心寒和绝望的话，那么可想而知，我们最终必然成为孤家寡人，因为没有哪个人愿意与冷血的人相处。

有的时候，处于危难之中的人需要的未必是实际的帮助，而是能够传递温暖的安慰话语。说话，虽然是一件非常微妙的事情，但是只要我们用心，是能把话说好的。而且用语言带给他人温暖，比起实际的帮助也显得更容易，我们何乐而不为呢？这就像是投资友情，暖人的良言是以最小的投入获得最大的回报，聪明的朋友一定都知道该怎么做。而且，当我们没有能力给予他人更多的时候，用语言温暖人心，也是我们最方便去做，对他人最立竿见影的帮助。

当然，身处危难之中的人往往比较敏感多疑，心理上也非常脆弱。在这种情况下，我们安慰他人就一定要注意方式方法，就算是平日里说话大大咧咧的人，此时也要谨慎地表达，而不能再口无遮拦，给他人心理和感情上带来更大的伤害，导致事与愿违。

在一次地震中，艾米被压在大厦下面，经过几天几夜的等待，她终于迎来了救援人员。然而，此时的艾米已经奄奄一息，只是求生欲望还在支撑着她微弱得如同烛火般的生命。

救援人员知道艾米就在那里，但是一时之间还没有办法把她救出来。为了让艾米保持清醒，唤起艾米的求生意志，一位救援人员留在距离艾米不远处的废墟中，与艾米"聊天"。因为失血过多，艾米浑身发冷，恐惧至极，她对救援人员说："我害怕，别离开我。"救援人员马上以坚定的语气回答："放心，我一定守在你的身边，我不会离开半步的。"救援人员的话使艾米得到些许安慰，精神也好些了。她又对救援人员说："如果我死了，告诉妈妈我爱她。"救援人员说："我在你身边，你不会死的，你会活得像花儿一样，我很快就会救你出去。相信我，相信我，我一定会救你出去。"在等待救援的漫长时间里，救援人员一直在陪艾米说话，也以温和坚定的语言帮助艾米重新树立了生的希望，激发起艾米顽强的求生意志。艾米最终被解救出来了。后来，艾米和这位救援人员成了好朋友，不管遇到什么事情，她都愿意征询他的意见，从他那里得到力量。

语言的力量，超乎人们的想象。温和的语言，能够使人们原本绝望的心里重新点燃火种，也能够使已经放弃的人再次紧紧握起手。废墟之中的艾米，如果不是有救援人员不停地激励和鼓舞她，以充满力量的语言分散她的痛苦，也许生命早就戛然而止了。

在这个世界上，每个人的脾气秉性都是不同的。对性格刚烈的人而言，以硬碰硬只会让他们更加强硬；反而以柔克刚，更能让他们产生同情心和恻隐心，甚至给你特别的优待。需要注意的是，温柔的话不是乞求，一味乞求也会让人心生厌恶。在以柔克刚时，我们虽然要尽量温柔一些，说些软话，但是却要讲究技巧和方法。换言之，就是以温柔的方式说出有力的话来，这样才能真正打动人心。此外，以柔克刚也是需要有度的，如果一味退让和妥协，最终偏离了方向和初心，则无法起到预期的效果。任何方法都不可能放之四海而皆准，我们必须因时、因地、因人、因事制宜，才能最终如愿以偿，事半功倍。

## 用平等和尊重消除位差效应

生活中，每个人说话都有自己与众不同的风格，大多数情况下，语言谦和的人更容易受到他人的欢迎，而那些说起话来总是颐指气使的人，人缘往往很差，而且他们的意见或者建议，也很难让人接受。这是因为人们的骨子里都是崇尚自由的，更不愿意被他人指挥。从这个角度而言，如果你想让其他人接受你的观点，或者按照你说的去做，那么千万不要命令或者指挥他人，而是要采取恰到好处的方式表达你的观点，从而尽量减少他人的排斥和抵触。

位差效应指来自领导层的信息只有20%~25%被下级知道并正确理解，而从下到上反馈的信息则不超过10%，平行交流的效率则可达到90%以上。从心理学的角度来说，相比起生硬的命令，人们更愿意接受和善的建议。可见，平等与互相尊重是良好沟通的一个重要前提。

细心的父母会发现，就算是小小年纪的孩子也会萌生出强烈的自我意识，不愿意被父母指挥和控制，可想而知，特立独行的成人对于他人的颐指气使，会做出怎样的反应。毋庸置疑，命令往往带着强迫的意味，当命令被人以生硬的语气说出来时，则显得更加不可更改，这会伤害他人的自尊心，使他人对我们的一切都只想予以抗拒。最终，命令很有可能非但不会被接受，反而会被唾弃。假如能够换一种不伤害他人自尊也能给予他人更大回旋余地的方式——建议，则他人会更加愿意接受，而且对于我们也更容易敞开心扉。因而在人际交往中我们必须记住，任何不可抗拒且蛮横无理的命令，都必然导致怨恨堆积。

作为一家小公司的老板，欧文对于自己的公司显然很有些自负，因而从公司开业第一天起，他对于公司里的每一位下属，都是颐指气使，丝毫不愿意以共同协商的态度解决问题。在欧文的强势之下，很多人都选择了离职，公司里的人员如同走马灯一般换个不停。虽然公司开业已经两年多了，但是却毫无发展，这都是因为公司里人员不稳定的缘故。

商海如同逆水行舟，不进则退，每一个在商海中打拼的人，如果不能及时取得进步，达到新的高度，日久天长必然因为巨大的压力，导致退步。渐渐地，欧文意识到公司必须谋求发展，因而特意找到咨询公司为他出谋划策。在了解欧文公司的现状之后，咨询公司的人给出了一语中的的提议——留人，为公司发展积蓄力量。然而，欧文的管理方式如果不改变，是很难留得住老员工的。为此欧文痛定思痛，决定按照咨询公司说的，既然是小公司，

## 第三章 温暖法则，沟通需要和谐的氛围

就要打好感情牌，要有老将追随，才能突破发展的瓶颈。

所谓江山易改，禀性难移，要想让欧文一下子就改天换地，当然是不可能的，欧文还是要从点点滴滴做起，时刻提醒自己要以建议的方式和下属交流，而不要对下属颐指气使。例如这次公司要拿下一个大项目，欧文正准备和以往一样威胁大家："都给我好好干啊，不然晚上10点也下不了班。"突然，他想起咨询公司的建议，决定改变方式："辛苦大家了，公司的发展离不开大家的努力。我建议大家加快进度，如果结束得早，我请大家吃夜宵。"有几个工作时间稍长的员工听到欧文的话，不免惊讶万分，甚至以为欧文换了个人呢！不过，大家全都精神抖擞，拼尽全力，一则是为了吃夜宵，二则也是为了提高工作效率，尽快完成工作，下班回家。后来，欧文的公司也就发展得更好了。

哪怕是公司里的首脑人物，也不要觉得自己职位高，就对下属颐指气使。毕竟现代职场竞争激烈，不管是上司还是下属，从人格角度而言大家都是平等的。所以一定要尊重和认可他人，才能得到他人的平等对待。

与他人说话的时候，我们一定要控制好自己的情绪，不要总是对他人居高临下、颐指气使。假如我们能够与他人更好地交流，采取平等的姿态对待他人，那么他人一定会乐于接受我们的建议，也会认真斟酌我们的话，最终理智思考，得到好的结果。

# 低调谦逊改善人际关系

生活中,人与人在很多方面都是存在差距的。因而,总有些人因为自己某些方面领先于人,或者有着特殊的能力,就趾高气扬,不把任何人放在眼里。在这种情况下,他们必然失去很多朋友,甚至变成孤家寡人。

如果你经常出入社交场合,或者有很多朋友,你就会发现谦逊的人在人群中最受欢迎。他们总是很低调,即使有突出的地方,也不会因此而骄傲。他们从来不挑衅他人,因而显得特别有亲和力。正如民间的一句俗语:一瓶子不响,半瓶子晃荡。这句话的意思是说,一满瓶的水反而不发出声响,但是半瓶子的水却总是晃荡出声响。因而,我们都应该成为谦虚的一瓶水,而不要当骄傲的半瓶水。

人们常说,要高调做事,低调做人。这也就意味着我们可以在做事的时候极尽完美,但是在做人时却应该低调内敛。很多事情,并非我们努力去表现就能证明的。当你安静地做好自己该做的事,换来的一定是人们发自内心的佩服和心悦诚服。

## 第三章 温暖法则，沟通需要和谐的氛围

谦虚是一种美德，趾高气扬的人很难招人喜欢。在秋天的田野里，饱满的果实一定低沉着头，只有空空的果实才会高昂着头。做人也是这样，越是内涵丰富、有真才实学的人，就越是能够潜下心来，把最谦逊的一面展现给他人。

大学毕业后，万勇进入现在的公司工作。他虽然缺乏工作经验，而且学历只是大专，但是他在工作中勤学好问，而且总是以求教的态度向同事们请教，因而深得同事们喜爱。每天在办公室里，大家听得最多的话就是万勇的"张姐，能麻烦您教我做这个表格吗？""默默，我想请教您做这个方案需要注意什么，您经验丰富呀！""马哥，我不知道哪里做错了，您可以给我指出来吗？"随着万勇的问题越来越多，他的能力也得到快速提升。当然，因为他的勤学好问和谦虚礼貌，同事们也越来越欣赏和认可他。但是，万勇的顶头上司张主任貌似并不喜欢他，而且经常排斥他。

对这一点，万勇心知肚明，但是他知道自己在公司里资历尚浅，既没有资本与上司抗衡，也没有必要因为上司的喜好影响自己的前途。因而，他始终保持谦虚的心态向上司请教。有一次，公司要举行公开竞聘，万勇所在的部门也需要从内部提拔一名副主任。轮到万勇发言时，他说："我也赞同张主任的意见，同意让马哥当副主任。在这里，我还要感谢大家长期以来对我的指点和帮助，如果没有你们的倾心传授，我也许现在还无法胜任工作呢！当然，我尤其要感谢张主任。长期以来，如果没有张主任的

053

指导和教诲,我根本无法取得进步。"说完,万勇给大家深深地鞠了一躬。万勇这次的表现,给张主任留下了良好的印象。从此之后,张主任开始赏识万勇,而且经常找机会提拔万勇。

　　对于一个低调谦逊的下属,上司没有理由总是给其小鞋穿,更没必要阻碍他的发展。万勇以自己谦虚的态度,赢得了上司的好感,最终打消了上司对他的不满,甚至开始赏识和提拔他。由此可见,尤其是在职场上,我们一定要摆正自己的姿态,千万不要随意给自己树敌。

　　现实中,一个人即使再完美,也不可能得到所有人的欣赏和喜爱。当他人对我们怀有不满,我们却自以为是、趾高气扬,则显得对人缺乏尊重,因而也必然招来更大的不满。相反,我们必须低调,必须保持谦虚的姿态,因为这不仅能够表现出对他人的尊重,也能表现出我们的宽容忍让,因而能够顺利消除他人心中的不满,改善我们与他人之间的关系。

## 第四章
## 威尔德定理，把说话的机会让给别人

# 倾听是最有效的沟通技巧

古人云"言多必失，祸从口出"，是很有道理的。很多情况下，不知所以就不由分说地大说特说，很容易让我们不小心说错话，轻则无法如愿以偿，重则招来祸患。在封建社会，大臣们胆战心惊、如履薄冰地陪伴在皇帝身边，为了保住性命，是绝对不敢不听不分辨就直言进谏的。要知道，皇帝动怒可是要掉脑袋的，因此，他们最有效的办法就是闭口不言。任何时候，任何情况下，都先侧耳倾听，判断局势，然后再小心谨慎地发表看法，甚至选择明哲保身，什么也不说。

当然，现代社会已经没有崇尚一言堂的皇帝了。在崇尚民主的年代，大多数人都享有言论自由的权利，因而，我们是可以畅所欲言的。然而，在与人交往的过程中，要想把话说到他人心里去，我们依然应该谨言慎行，先倾听，再开口，才能避免言多必失。很多人都觉得语言是最有力的表达，殊不知，在特定情况下，倾听是更有力的无声语言。古希腊流传着一句谚语，大概的意思是说，聪明人凭借经验说话，充满智慧的人却凭借经验选择不说话。

## 第四章 威尔德定理，把说话的机会让给别人

由此可见，不说话比说话需要更大的智慧。很多人说话是抢着说，就像孩子刚刚开始学步，就迫不及待地要走。实际上，在没有把握达到最好表达效果的情况下，倾听是更好的选择。因为倾听，我们可以更加了解他人，也可以判明局势，从而实现更有效的表达。

作为刚刚调到新学校担任校长的张华，他对学校的情况还不太了解。这天中午，教导处主任来问他："张校长，县里要举行优秀教师去外地学校参观学习的活动，我们学校派谁去呢？"对此，张华毫无经验。因为他既不了解老师，也不知道以往的惯例。然而，张华很聪明，他马上反问教导主任："你觉得派谁去合适呢？"

教导主任看到新校长如此谦虚，居然主动征求他的意见，因而非常认真地思考了一会儿，才说："王老师虽然是学校的优秀标兵，但是她去年已经参加过这样的活动了。我觉得，这种机会应该分散开来，鼓励不同的老师。不过呢，也不能都顾着老教师，毕竟年轻教师也是需要鼓励的。所以，就这次的两个名额，我建议让经验丰富的杜老师和作为青年教师尖兵的马老师去。你觉得行吗？"张华觉得教导主任说得很有道理，因而连连点头，说："你思路清晰，对学校情况也很了解，所以就按你说的办吧。你去通知他们吧！"看到新校长如此尊重和器重自己，教导主任非常高兴。

在这件事情上,张华处理的方式非常巧妙。不但把问题推给教导主任解决,而且还给足了教导主任面子,最终不但解决了问题,而且让教导主任也很高兴。而张华的办法实际上很简单,就是倾听和采纳。如果不是采取这样的方式,而是费心劳神地再去了解每位教师的表现,显然是不可能一步到位的。因而,张华的明智之处就在于他很擅长倾听,也给予了教导主任足够的信任。如此一举数得的方法,实在是非常巧妙的。

在与人交谈时,你凝神倾听,给予他人的感受是非常好的。倾听,从心理学角度出发,意味着你非常尊重对方,也很在乎对方的意见、看法和感受,因而对方会更加慎重真诚地对待与你的谈话,这远比你一味说教更好。倾听的时候,我们应该目视对方,在恰当的时候还应与对方展开目光的交流,从而更好地与对方互动。另外,在倾听的过程中不要随意提问,也不要打断他人的诉说,否则会被视为不礼貌,也会影响对方的谈兴。

## 沉默是对攻击最好的反击

沉默是一种特殊的语言，具有其独特的使用价值，在社交活动中，恰到好处的沉默比口若悬河更有效，这就是人们常说的"雄辩是银，沉默是金"。

适度的沉默是一种积极的忍让，旨在息事宁人。在人际交往中，各人的生活阅历、学识水平、社会地位各异，观察问题的角度和思维方式不同，见解必然迥异。然而，在一些无关紧要的问题上的细小分歧，三缄其口、洗耳恭听、颔首微笑也是一种有效的处理方法。否则，各持己见僵持不下，互不相让，只能令双方都不愉快。此时，若采取积极忍让的态度，保持适度的沉默，撤出争论，表现出自己的宽广胸怀，则有利于促使对方冷静下来，缓和、化解矛盾，避免事态激化。有效地使自己避免、摆脱受气境地，对一个特别矫情的对手来说更应如此。

老王和小张是处里的正副职。老王为人稳重，小张年轻气盛，好胜心强，常常为处里一些鸡毛蒜皮的小事同老王较劲。两位领导若在办公室里当着下属的面争论不休，甚至大吵大嚷，既伤了

| 掌控谈话

彼此间的同事情分,又在下属面前丢面子,显然不妥当。

老王对此采取了一种偃旗息鼓、洗耳恭听的策略,不与小张对垒。当两人之间发生分歧时,老王先说明情况表明态度,转而保持沉默。任凭小张言辞多激烈,也不与他强辩,不反击。小张肝火再旺,见此情景,也不好意思再强辩下去,渐渐冷静下来,进而心平气和地发表意见,甚至还做些自我批评。

因此,两人虽性格截然相反,但工作配合得很默契,关系也算融洽。老王的沉默是理智的,其动机在于顾全大局,避免无谓的争论。

轻蔑性沉默是对付无理挑衅的有效反击武器。当对方出于不良动机,对你进行恶意攻击、造谣诽谤或无理取闹时,如果你予以驳斥反击,可是又同他无理可讲,反会使周围的人难以分清是非,反倒有损于你自己的形象和声誉。这时,你无须争辩,只须以不屑一顾的神情,嗤之以鼻。这种轻蔑性沉默会比语言驳斥更有效。

小朱和小吴是同班同学,学习都很出色。小朱为人热情,性格活泼,关心班集体,因此在同学中有很高的威信,在班上第一个入党。小吴却只关心自己的学习,对同学和集体利益则漠不关心。但他认识不到自己的问题,反而公开对小朱造谣中伤,在公开场合含沙射影地说:"哼,入党!还不是靠送礼、请客、拉关系!这样的党员,是败家子!谁稀罕?"

小朱明知他是在无事生非地找碴儿骂自己,不免怒火顿起,但和这样胡搅蛮缠的人争吵,又会有什么结果?还不是自己白白挨骂!不知情者说不定还会对他的话信以为真。于是,他强压怒气,对小吴轻蔑地冷笑一声,瞟了他一眼,转身而去。小朱的轻蔑性沉默,在当时这种情况下,比语言批驳显得更有力、得体,更能使周围的人洞察其中原委。

当然,沉默的方式和内涵多种多样,但总的来看,日常交际中,最常用的主要是这两种。在受气时,要做到沉默不语,积极忍让,并非易事。这首先需要宽广的胸怀和准确把握自己行为界限的能力。正如培根所言:"假如一个人具有深刻的洞察力,随时能够判断什么事应当公开做,什么事应当秘密做,什么事应当若明若暗地做,而且深刻地了解了这一切的分寸和界限——那么这种人我们认为他是掌握了沉默的智慧的。"

## 适当夸张的表情，让倾听更显真挚

这个世界上，有谁愿意和一个木头人说话？如果真的有人愿意对着木头人说话，那一定是极度乏味的感觉，他说的肯定是不想被人知道的事情，又或者他不愿意向他人打开心扉。对于真正想交谈的人而言，如果听自己说话的人总是面无表情，则倾诉就会变得非常乏味寡淡，甚至让人不想继续下去。

当然，每一个参与交谈的人都希望谈话是饶有兴致的，都希望参与者是兴致盎然的。良好的交谈氛围，需要每个人都努力争取。除了前文所说的要说对方感兴趣的话之外，当你作为倾听者时，又应该怎样让对方更加滔滔不绝，口若悬河呢？其实很简单，你既不需要打断对方的谈话发出感叹词，也不需要手舞足蹈影响对方的发挥，你只需要调动面部的些许肌肉，就能激发对方的谈兴。正确的做法是，你应该眉毛上扬，把眼睛瞪大，而且嘴巴张大，半天都合不拢。没错，这就是吃惊的表情，而且是非常夸张的吃惊的表情。在倾听他人说话时，我们不管是随便插话还是因为激动得手舞足蹈，都会无形中打断对方的思路和讲述，让对方扫兴。只有表现出吃惊的表情，适当地与对方进行眼神交流，你才能既

## 第四章 威尔德定理，把说话的机会让给别人

避免打扰对方，又最大限度地鼓励对方继续兴致勃勃地说下去。如此一举两得，实在是最佳的倾听方法。

在一次聚会上，丽娜作为老板的秘书出席，除了随时听候老板差遣之外，几乎没有任何事情可做。很快，她就感到厌烦了，但是又不能离开。她郁郁寡欢地端起一杯鸡尾酒，蜷缩在角落的沙发里百无聊赖。突然，一位男士走到她面前，这位男士看起来彬彬有礼。经过简单寒暄，丽娜才知道这位男士也是一位老总的助理，因而和她一样无聊。

就这样，两个无聊的人有一搭没一搭地闲聊着。丽娜的谈兴原本不是很高，因为她实在是有些疲倦了。然而，当丽娜没精打采地说起去非洲旅行的见闻时，尤其是当听到丽娜被非洲土著追赶时，男士突然眉毛上扬，眼睛瞪得大大的，惊讶地说："真的吗？你真的看到非洲土著，还被他们追赶了？但是，你又不会说他们的语言，是如何脱身的呢？"说完，男士就那么保持着惊讶的表情，而且还夸张地张开嘴巴不合拢，似乎正在无限渴望着丽娜赶紧给他正确的答案。看到男士的样子，丽娜不由得哈哈大笑，说："当然啊，我差点儿就被留在土著人的原始森林里了呢！"这时，男士的表情更夸张，下巴简直都要掉下来了。丽娜恶作剧般地说："但是我会十八般武艺呀，因而就逃出来了。"男士简直难以置信，后来，丽娜告诉他："导游会说当地的土著语，告诉他们我们是来旅游的，他们就不那么警惕和戒备了。"

整整一个晚上，只要丽娜说起有趣的或者惊险刺激的事情，

男士就总是露出夸张的表情，让丽娜一个晚上笑了不知多少次。不知不觉间，为时三个小时的宴会居然已经结束了，曲终人散。丽娜却意犹未尽地对男士说："很高兴认识你，与你聊天很愉快。"

原本不想与男士聊天的丽娜，在男士夸张表情的刺激下，谈兴渐浓，居然说到宴会结束依然意犹未尽，这就是惊讶的魔力。对于说话的人而言，当倾听者露出夸张的惊讶表情时，他们一定觉得自己演讲的技能非常之高，而且极具渲染力，因此也就越说越起劲儿了。

当你作为倾听者，想不动声色地鼓励说话的人更加投入时，不妨就多多露出夸张的表情。只要你恰到好处地表示惊讶，说话的人就一定会因此而变得兴奋激动，说起话来也就更加全身心投入。这样的交流，往往让人到结束时还恋恋不舍，只想让美好的时间过得慢一点，再慢一点。

## 学会倾听，别人才能打开话匣子

爱默生曾说过："所谓的耳聪，也就是倾听的意思。"几乎每一个哈佛大学的学子都注重培养自己专注倾听的能力。因为他们知道，倾听就像海绵一样，可以吸取别人的经验与教训，使自己在人生道路上少走弯路，同时收获他人的友谊，让自己在交际圈中更显个人魅力。

每个人都是有表现欲的，只要有合适的机会，人们都非常喜欢发表自己的意见。所以，如果你愿意给对方一个机会，让他尽情说出自己想说的话，他们会立即觉得你和蔼可亲、值得信赖。许多人不能给人留下好印象，往往是由于他们不注意倾听别人的话。

在与人沟通的过程中，如果能静下心来倾听对方的话，会更有利于你办事成功。倾听对方，可以让你及时了解对方的想法。而且，在你专心致志地倾听对方时，对方也会有一种被尊重、被重视的感觉，这样必能拉近双方的距离，从而让你更顺利地把事情办成。

米莉普通高校毕业，家境一般，长相也很普通，但是她的人缘却出奇地好。她拥有很多的朋友，而且大部分都视她为毕生的知己。有什么开心的事大家都会与她分享，发生了不愉快大家也都乐于向她倾诉，遇到困难，她总有人伸手相助。

有一次米莉生病了，其实只是小毛病，但是来看她的人络绎不绝，大家都关切地嘘寒问暖。米莉的一个好友阿雨羡慕不已，问道："哇，米莉，你人缘怎么这么好！大家为什么都喜欢你呢？"

米莉笑了笑，说："我给你讲一件事吧！是关于玲玲的。有一天，玲玲来找我，一坐下便开始哭，我也不知道怎么回事，就倒了一杯热茶，坐到了她的对面。玲玲哭了一会儿，便对我说，她最近被单位的一个小人暗算了，害她被领导骂了一顿。而且她的男朋友最近也跟她提出了分手，她觉得生活完全没有希望。我什么话也没有说，只是拍拍她的肩。玲玲不停地讲着，把心中的苦闷一股脑儿全倒了出来。说完之后，玲玲长叹了一口气。我问她现在觉得好些了吗？玲玲擦擦眼泪，对我说她在来的路上都觉得快要活不下去了，现在感觉好多了。我握住她的手，告诉她不管发生了什么，我都是她最好的朋友。最后我们一起商量如何挽回工作上的失误，如何顺其自然地对待感情。现在你再看玲玲，家庭美满，工作顺心，多幸福哇！"

阿雨看着米莉，说："我明白了，原来倾听竟有这么大的力量！"

古人叫那些善于倾听的女人为"解语花"，这真是一个绝妙好词。一个善于倾听的女人，不要说什么"香语出慧心"，不要说什么"柔情款款来"，仅一个眼神、一个姿态，哪怕仅仅是几句话语，都会成为他人舒展腰身休憩回归的芳草地。这样的女人，谁能说她不优雅？

与人交谈的时候，你可以倾诉，但是倾听更为关键。任何交流都少不了倾听，否则就不是人与人的交流，而是自言自语了。我们之所以强调学会倾听，是因为善于倾听别人讲话是一种高雅的素养，表现了你对说话者的尊重。有了这个基础，人们才会愿意把你视作可以信赖的知己。

>>> 第五章
## 完美笑话公式，幽默让沟通别有风趣

# 用幽默给沟通加点料

幽默是一种语言技巧，更是人们适应环境的一种特殊语言工具。有些人其貌不扬，却因为富有幽默感而获得了异性的青睐，拥有了美满的婚姻生活；有些人资质平平，没什么过人之处，却因为自己的风趣幽默，收获了周围人的喜爱，仿佛好运气也总是围着他们转，升职、加薪，更是水到渠成；还有些人在面对一些尖锐的问题时，明明处于劣势，却能够运用幽默轻松解决各种棘手的问题，令他人对其刮目相看。

美国心理学家赫布·特鲁说过："幽默可以润滑人际关系，消除紧张，减轻人生压力，使生活更有乐趣。它把我们从个人的小天地里拉出来，使我们一见如故，寻得益友。它帮助我们摆脱窘迫和困境，增强信心，在人生的道路上知难而进。"

在日常生活中，幽默是不可或缺的调味品。在很多场合，一个幽默的人往往比一个呆板的人更受欢迎。有时候，适当调侃一下你的朋友可以增进双方的关系。比如，朋友们相约一起结伴旅游，旅途中的疲惫不堪和长时间的沉默，肯定会使气氛变得沉闷，

## 第五章 完美笑话公式，幽默让沟通别有风趣

此时如果戏谑一下和自己关系还可以的朋友，一定能改变当时的气氛，为沟通增加很多乐趣。

段经理是一个只有中专学历、相貌平平的销售部经理，大家却非常喜欢跟他在一起工作，而他也以幽默机智著称。

一次，公司打扫卫生的阿姨正端着满满一大盆水准备擦桌子，段经理刚好端着一杯咖啡经过，阿姨边跟跟跄跄地走，边喊道："段经理，别动，别动。"可能是段经理思考事情太入神了，没有及时反应过来，结果阿姨端着水盆一下子撞到了段经理的身上，溅了他一身的水。打扫卫生的阿姨一看自己闯了大祸，正觉害怕，不知该如何解释的时候，段经理一边拍打着自己身上的水，一边说道："我以为你说'别动'是干啥呢，原来是为了瞄准我。"

一句话令原本一个个严肃工作的同事都哈哈大笑起来。那个打扫卫生的阿姨见状，脸上的灰暗也一扫而光。

作家柯南·道尔在罗马时，一次乘坐出租车去旅馆，途中两人聊了起来。司机问："您是柯南·道尔先生吗？"

"你怎么知道我的名字？"柯南·道尔感觉很奇怪。

"哦，简单得很，您是在罗马车站上车的，您的穿着是英国式的，还有就是您的口袋里露出了一本侦探小说。"

"太了不起了！"柯南·道尔叫起来，他很惊奇在意大利会碰到第二个"福尔摩斯"。他习惯地问一句："你还看到其他什么痕迹没有？"

"没有,没有别的,除了在你皮箱上我还看到你的名字外。"

司机故意卖了个关子,让柯南·道尔误以为他是第二个"福尔摩斯"。然后,司机再出乎意料地解释,造成强烈的幽默感。由此可见,幽默是一种最有趣、最实用的沟通技术。

一个拥有幽默感的人跟别人谈话可以让他人感觉到快乐、轻松,可以瞬间拉近与谈话者之间的距离。幽默可以在你面对生活或者工作中的困境时淡化自己消极的情绪,采取一种积极乐观的态度和方式去处理这些问题和烦恼,促进问题圆满解决。幽默更可以化解你的尴尬,促使自己机智而又敏捷地解决与他人的矛盾,减少与他人相处的摩擦,让你跟他人的相处或合作更加融洽。

可以说,一个成功的人,或者是光芒四射的人,一定是一个具有幽默感的人。卡耐基曾经说过:"关于沟通,除了词汇以外,最重要的就是如何让自己的话变得有趣味。"因此,懂得幽默是一种说话的智慧、一种才华,更是一种必备的说话艺术。

## 适度自嘲，给你带来好人缘

很多人觉得，拿自己开涮是非常尴尬的事情。实际上情况恰恰相反，大多数能够拿自己开涮的人，一定都是有着超强大的内心，他们从不畏惧来自外界的诋毁和伤害，能够做到镇定自若。自嘲的人往往有自知之明，他们知道无论自己怎么调侃自己，自己的优越性都不会随之消失，自己的实力也不会因此而减退。

来到新公司之后，对于办公室里几个已经成为同事好几年的女孩，薇薇总是觉得彼此之间隔着万水千山，无论如何也亲近不起来。这倒不是因为薇薇不好相处，而是那几个女孩几年来朝夕相处，就连节假日也经常相约一起度过，作为一个小团体的她们根本不愿意接纳新成员。为了攻入这个小团体，薇薇简直煞费苦心，但收效甚微。

一天中午，有个叫思雨的女孩，在网上买了件时髦的旗袍。趁着午休，她迫不及待地换上旗袍让其他小姐妹看。看着几个女孩热闹地围在一起叽叽喳喳，对旗袍品头论足，一旁的薇薇便想出了一个好主意。当她听到思雨说："哎呀，我最近就是长胖了，以前我穿 M 码的衣服根本就是宽松的，现在你们看，紧绷绷的，难为情。"薇薇凑上去，说："你这哪里叫胖啊！那你以前肯定太瘦了，因为你现在不胖不瘦刚刚好，又纤细苗条，又匀称丰满。哪里像我啊，我告诉你们，我的腰围二尺六呢，我和你们一比，简直就是个大水桶。就像你这件国色天香的旗袍，穿在你身上叫倾国倾城，穿在我身上直接就爆裂了，根本就像是箍在水桶上。"听到薇薇这么抬高她，思雨高兴得简直合不拢嘴。尤其是听到薇薇把自己形容成大水桶时，思雨便更觉得自己婀娜多姿了，因而她马上高姿态地说："哎，你这也不是胖，是比较丰满。而且，现在有好多大码的衣服呢，穿起来特别有派头儿，可惜我这样的想穿也穿不起来，倒是很适合你。"薇薇惊讶地说："真的吗？我很少上网买衣服哇，我买衣服特别困难，要是有合适的你一定要给我推荐哪！"

第二天，为了报答薇薇贬低自己抬高她的情谊，思雨就为薇薇在淘宝上找了一件大码的衣服，看起来飘飘洒洒，非常有气质。薇薇说："既然你说好，思雨，我相信你的眼光。我是最不会买衣服的，这下好啦，有你为我把关。"如此一来二去，薇薇和思雨的关系越来越亲近，也逐渐融入了小团体之中。

为了抬高思雨，薇薇慷慨大方地嘲讽了自己。当然，这也算不上过分地贬低，因为薇薇的粗壮身材和思雨的纤弱娇小恰恰形成了鲜明对比，也算是名副其实。只不过薇薇以带着贬损的语气说出来，让思雨觉得无限感激。其实，很多女孩在说自己胖的时候，都是为了获得他人的夸奖。思雨也是如此，她如愿以偿地得到了薇薇的真诚赞美，可谓心满意足。既然如此，她当然也会想着回报薇薇，为薇薇也做些力所能及的事情。如此礼尚往来，让她们彼此之间的关系越来越亲密。

曾经有位名人说，自嘲是最高境界的幽默。的确如此，能够坦然自嘲的人，一定有着超强的心理素质，也不会因为一些无关紧要的事情就否定自己。在自嘲的同时，倘若还能顺带着抬高别人，讨得别人的欢喜，岂不是一举两得吗？真正的强者，无畏自嘲，也不怕贬低自己，因为他们很清楚自己的实力，也不担心会因为自嘲和贬低就真的降低自己。人际交往中，显而易见的赞美并不容易，往往会有拍马溜须之嫌，但是自嘲则不同，以贬低自己的方式适当抬高他人，让人心花怒放又不至于被误解。

## 正话反说，用幽默使气氛活跃起来

在生活中，我们常常会遇到一些人，他们说起话来口无遮拦，总是任意胡言，给他人留下不好的印象。为了避免这种情况的出现，也为了避免让他人觉得我们是狂妄自大的，而又要起到引人注意的效果，我们不妨也采取正话反说的方式。这样一来，我们不但可以更好地吸引他人的注意，而且能够如愿以偿地达到预期的效果。

曾经，大名鼎鼎的学者孙绍振去大学进行演讲。当时，恰巧孙绍振去演讲的同时还有一场青年歌手大奖赛，因而去听孙绍振演讲的人很少。看着会场里稀稀拉拉的听众，不仅孙绍振的心里很失望，在场的同学们也都觉得有些尴尬。不过，孙绍振很好地调节了自己的情绪，而且还想办法让在场的同学们变得兴致高昂。

只见孙绍振走上演讲台，满面笑容地说："同学们，当我走进会场时，我感到浑身都充满了力量。因为我知道那些站在走廊里和门口的同学，其实是在用身体力行给我鼓舞。他们宁愿站着，也要听我这个老人把话讲完。最重要的是，在他们心里，尊重我这个老头子胜过对那些青春少年的美的追求。这就像是说唱艺术的较量，他们选择了听我说。我无比荣幸，这是因为他们知道，说的一定比唱的更好听。"孙绍振的话音刚刚落下来，在场的同学们全都沸腾起来，不但给予孙绍振热烈的掌声，而且还给予善意的微笑。从这些话里，孙绍振成功地拉近了与大家之间的距离，并且使大家真切地感受到了他的机智幽默。

毫无疑问，孙绍振开了一个无伤大雅的玩笑，因而选择来听他演讲的同学们都保持了极高的热情，也把现场的气氛调节得轻松愉悦。毫无疑问，对于年轻的大学生而言，演唱比赛对他们更具吸引力，因而他们宁愿站着听演唱比赛，也不愿意来坐着舒舒服服地听演讲。不过没有关系，孙绍振的话很好地打消了台下同学的顾虑，使他们相信孙绍振并不会因为任何原因而导致演讲受到影响。其实，孙绍振的幽默方式很常见，那就是正话反说。在很多情况下，正话反说不但能够激发起大家的好奇心，而且能够起到很好的幽默效果，还能产生出人意料的惊喜。这就像是在文章之中设置悬念，是非常引人入胜的一种幽默方式。

人与人交谈，不管是只有双方参与，还是有很多人都在场，要想交谈得愉悦和谐，最重要的就是调节好交谈的氛围。在很多时候，如果没有良好的交谈氛围，人们就会关闭心扉；相反，在大家都侃侃而谈的情况下，即使那些原本不很健谈的人，也会兴致高昂地投入谈话。在很多情况下，严肃的话题总是难以让人打开话匣，还有很多原本陌生的人之间也很难在短时间内互相打开心扉。如果能够恰到好处地说些无伤大雅的玩笑话，则能够快速使彼此变得熟稔，也能使彼此的交谈变得更加顺畅。需要注意的是，说玩笑话的时候，一定要注意不要伤害任何人的颜面，更不要伤害任何人的自尊心。否则，就会得不偿失，事与愿违。

## 幽默是化解尴尬和难堪的妙招

每个人在生活中都难免会有遇到尴尬的时候，如果处理不当，就会让事情急速恶化，导致自己非常难堪。因而，掌握化解尴尬的方法，几乎是每个人行走社交场合的必备武器。当你学会轻松自如地化解尴尬，你就能够一马平川地走下去，再也不担心自己会当众出丑啦。在诸多化解尴尬的方法中，幽默无疑是最佳方式。因为幽默不但能够帮助你化解尴尬，还能展示你的机智风趣，更能带给在场的人们轻松愉悦的心情和欢笑。既然如此，那么我们当然要努力让自己变得幽默起来，从而帮助自己更好地经营人际关系，使自己成为处处受欢迎的人。

在美国白宫举行的钢琴演奏会上，作为白宫的主人，里根总统当然要上台致辞。然而，正当他讲话讲到一半时，随同他一起

## 第五章 完美笑话公式，幽默让沟通别有风趣

坐在台上的总统夫人南希，不知道为何，突然连人带椅子一起跌落台下，在台下黑压压就座的观众们的众目睽睽之下，南希作为第一夫人简直太尴尬了。不过，南希反应很敏捷，在确定自己没有受伤之后，她马上身手矫健地爬起来，坐回座位上。看到夫人毫发无损，也没有误伤到人，里根中断演讲，笑着对南希说："亲爱的，你简直太体贴啦。不过，你忘记了我曾经告诉过你，只有在我的演讲无人鼓掌的时候，你才需要进行这样的表演，帮助我博得掌声。"里根的话音刚落，现场就爆发出热烈的掌声和善意的笑声。里根的话成功地化解了南希的难堪，现场气氛反而变得更加热烈、融洽了。

里根之所以能够保持镇定，不但是因为他有过人的胆识，也因为他拥有幽默的能力，相信自己可以很好地化解尴尬。一句轻松的幽默言语，不但让南希不再那么难堪，也活跃了现场的气氛，让大家都尽快从沉闷和担心的状态中摆脱出来。如此一来，他还给后来的演奏会铺垫了气氛，让在场的每个人都能带着愉悦的心情欣赏接下来的美妙演奏。

作为大名鼎鼎的钢琴家，波奇有一次前往密歇根的弗林特进行演出。但是，这次演出很尴尬，显然这里的观众们并不热衷于欣赏钢琴演奏，因而到场的人稀稀拉拉，至少有一半以上的座位都空着。看到此情此景，波奇真的非常失望。但是他很清楚，如果他任由失望的情绪发展下去，就会影响他接下来的演奏。因而，他放松心情，走到舞台中央，对着台下的观众深深地鞠了一躬，

说："看来，弗林特是一个非常富裕的城市啊！"听到他这无厘头的话，观众们感到很惊讶，沉默不语。这时，波奇又接着说："我发现，你们每个人都买了3张票，所以现场才会这么安静。让我们都拥有良好的环境，尽情享受这一刻的相聚。"说完这句话之后，不但现场观众给予波奇热烈的掌声，就连波奇自己的心情也变得好起来了。最终，他圆满地完成了这次演奏，博得了观众的一致赞许和认可。

波奇看到台下空荡荡的座位，当然会产生失落的情绪。幸好，他有很强的自我娱乐精神，也用一句幽默的话给到场的观众带来了好心情，最终使自己的演出获得成功，也使得观众觉得不枉此行。

总而言之，幽默是生活中最好的调剂，只有懂得幽默的人，才能更好地享受生活，也才能从容地面对生活中很多意外的尴尬和难堪。在很多时候，幽默不但能够解除我们个人的尴尬，也会使现场的所有人都变得轻松愉悦，再次拥有好心情。

## 第六章
### 白德巴定理,说话要说到点子上

## 洞察别人心理，把话说到点子上

常言道，知己知彼，百战百胜，这个道理不但适用于战场，也同样适用于人际交往。在与人交流时，我们要洞察对方的心理，才能把话说到点子上。在与人交往时，我们要想满足他人的心理需求，把话说到他人的心里，就要更加敏锐地观察他人，洞察他人的心思，这样才能将话说在点子上。成功地攻克他人的心，使我们与他人的交往更加顺遂如意。

当然，洞察他人心理也并非那么容易的事情，需要我们多多用心，仔细观察，还需要我们用心思考。对于初次见面的陌生人，我们可以从侧面进行了解。如果对方是一位名人，那么还可以从网络或者书籍上了解对方的更多信息，从而做到未雨绸缪。

很多说话的高手，在与他人交流时，总是能够把话说到他人心里去，从而打动他人的心，打开他人的心扉，使得交流更加顺利。也许有些朋友会说：我们又不是他人肚子里的蛔虫，如何做到暗合他人心理呢？其实，通过察言观色，明智者可以捕捉到很多有效信息了解他人。

# 第六章 白德巴定理，说话要说到点子上

作为一名普通的销售人员，约翰很想向一家工厂的老板推销自己的产品。但是他只是一个刚刚大学毕业的毛头小子，根本不知道如何更好地向工厂老板推销。在请教了经验丰富的老同事之后，约翰想出了一个好主意。他知道那个老板实际上非常抠门，因而决定为那个老板算一笔账。

这天，约翰带着样品去拜访老板。他直截了当对老板说："您愿意白得这样一台机器用吗？"老板有些困惑，不知道约翰想干什么。约翰接着说："这可是一台全新的机器，而且是最新款的，您可以免费得到它。"老板饶有兴致地看着约翰，对于这样的无本生意，精打细算的他当然不会错过。因而，他马上询问约翰具体的情况，约翰说："是这样的，假如您愿意，您可以先免费试用这台机器一个月。一个月的时间里，这台新型机器强大的节能效果，就会向您证实您每个月将会少付很大一笔电费；而且，根据我的计算，如果您把所有老机器都换成这种节能的新型机器，只需一年时间，您节省的电费就相当于购买机器的费用了。您觉得这笔生意是否划算？最重要的是，这台机器的使用寿命是20年，也就是说您可以享受19年免费使用这台新机器，何乐而不为呢？"约翰别出心裁的推销方法，使得老板当即拍板，决定拿出很大一笔钱把工厂里所有的旧机器都换成新机器。

约翰的推销之所以马到成功，就是因为他抓住了工厂老板开源节流的心理，而且也知道工厂老板早就计划更换新机器了。所

以约翰恰到好处的推销，让老板马上就明白更换新机器是很划算的，所以老板才会毫不犹豫地与约翰签约。

任何时候，我们要想说服他人，就要抓住他人的心理需求才能成功打动他人，让他人怦然心动。

不可否认，每个人的心理需求都是不同的，诸如有些人喜欢得到他人的阿谀奉承，有些人则喜欢与他人君子之交淡如水。对于前者，拍马溜须的效果会很好，但是对于后者，只有淡淡相交，才能赢得他人的尊重和认可。所以在人际交往中，我们必须多多用心，细心观察，从而顺利了解他人的内心所需，从而把话说到点子上。

## 好的话题能让沟通迅速升温

很多人都想找到沟通的突破口，却总是不得法，实际上，一切事情都只有从根源着手，才能最大限度地解决问题。沟通，也是如此。我们只有从心理上说服他人，才能让他人更加愉悦地与我们交流，而且敞开心扉，毫无隔阂。可以说，心理学上的突破口，是人们彼此之间敞开心扉沟通的大门。尤其是在现代社会，人们几乎每天都要与他人交流，而交流的主要方式就是语言的沟通。

## 第六章 白德巴定理，说话要说到点子上

当你顺畅自如地与他人谈话，彼此之间毫无隔阂，你的人缘也必定越来越好，良好的人际关系不但能够帮助你的生活更加便利，也会让你的事业如鱼得水。

需要注意的是，良好的沟通应该从浓厚的兴趣开始。要想吸引他人对你的话题感兴趣，自然，你的话题必须能够引起他人的兴趣。倘若你刚刚提出一个话题，就被对方毫不犹豫地否决，则你必然很尴尬。如果思维敏捷，还可以马上转移话题，进行新的尝试，但是如果思维迟钝，则只能尴尬相对，甚至是无言以对。由此可见，选择话题是非常重要的，这就像一个写文章的人必须写出一个最精彩的开头才能吸引读者继续看下去。

作为意大利著名的科学家，伽利略曾经在年轻时被父亲强迫学医。在他刚刚17岁时，父亲就不由分说地把他送到比萨大学的医学院学习。然而，伽利略对医学并不感兴趣，而对科学情有独钟。他在听到静力学和力学之后，突然就爱上了与此相关的科学。然而，他也知道父亲是非常执拗的，如果直截了当地提出不愿意学习医学的想法，一定会遭到父亲的拒绝。为此，他思来想去，终于找到了一个成功率比较高的说服方法。

在假日的一天，伽利略走进书房问父亲："父亲，你与母亲是怎么认识的？"父亲抬起头，把视线转向儿子，说："我爱她。"伽利略又问："那么，在母亲之后，你还曾经爱过别的女人吗？"父亲连连摇头，说："怎么可能呢？我对你母亲一见钟情，看到

她的那一刻，我就决心要娶她为妻。"伽利略以羡慕的口吻说："难怪你与母亲一生都恩恩爱爱，从未争吵过，婚姻也幸福和谐。"父亲笑着说："你这孩子，观察还挺细致。"伽利略随即话锋一转，说："现在，我也和你当年一样一见钟情了。"父亲听了之后惊喜地问道："一见钟情？难道你有心仪的姑娘了吗？快说给我听听！"伽利略为难地说："我对科学的喜爱，就像你当初对母亲一见倾心一样，再也不会爱上其他的女人。父亲，我虽然年纪轻轻，但是我并不沉迷于爱情，我也不会三心二意，经常改变心意；相反，我只想与科学终生为伴，在科学的道路上勇攀高峰。"听了伽利略的话，父亲的脸色沉下来，伽利略继续说："父亲，您很有才华，家庭生活也美满幸福。我呢，继承了您的优点，想在学术的道路上有所建树。我想，我不会增加您的负担，我愿意去申请宫廷的奖学金。如果有一天，您能骄傲地告诉别人您是科学家伽利略的父亲，我想您一定会备感光荣……"父亲点点头，说："你说得有道理，我愿意去帮你申请宫廷奖学金，帮助你实现梦想。"伽利略激动地向父亲保证："父亲，我一定会成为一个让您骄傲的科学家。"

在这个事例中，原本父亲只想让伽利略学医，但是伽利略首先从父亲一生引以为傲的爱情说起，让父亲饶有兴致地听他说下去。接下来，他才从父亲对母亲的一见钟情过渡到自己对科学的沉迷，从而成功使父亲改变心意，支持他学习科学，在科学领域继续深造。由此可见，再固执己见的人，也会有自己感兴趣的话题。在说服他们时，倘若我们能从他们最感兴趣的话题说起，再逐渐过渡到我们真正想说的话题，则说服成功的概率就会大大提高。

当然，选好话题不局限于要从对方得意的事情、感兴趣的事情说起，也可以从对方关心的事情说起。总而言之，我们的目的是要吸引对方的注意力，从而成功帮助我们更好地讲述自己想说的话。只要能够让交谈和谐愉悦，让对方满怀兴致地听你诉说，就都是好话题、最佳话题。这一点，我们必须用心琢磨，才能渐渐有更准确的把握。

## 了解对方的兴趣，找准沟通切入点

从他人的兴趣入手，是与他人拉近关系、变得亲近的最好方式。在平日的生活里，几乎每个人都有自己的兴趣爱好，也有自己的特长和优势。即使很多人都以工作或者学习为重，但是他们依然会在繁重的学习和工作之余，有属于自己的兴趣爱好。很多时候，兴趣爱好是人最为有效的一种放松活动，也是陪伴漫长人生的良师益友。记得在一部电视剧中，有个高官的爱好就是在工作之余做木工活儿。有的时候他觉得压力太大，就会进入自己的

"工作间",做一些精致的木制工具或者工艺品,在锯子的声音和飞扬的木屑中,回归内心的平静。

当然,每个人的兴趣爱好都是不一样的。在与人交往时,如果我们想从他人的兴趣爱好入手,与他人拉近关系,那么毋庸置疑,我们首先要做的就是了解他人的兴趣爱好。这样,我们才能有的放矢,事半功倍。在这个过程中,有些朋友会陷入一个误区,即认为自己只要了解对方的兴趣爱好,就能与对方有共同语言。的确,粗浅的共同语言很容易获得,但是如果我们想与对方深入交流,尤其是要和对方一样感受到兴趣给自己带来的乐趣,那么只了解对方的兴趣爱好是不够的,而是要真正去做对方感兴趣的事情,从而真正体验到对方从兴趣爱好中获得的乐趣。这样一来,可想而知对方在与你交谈时一定会一见如故,相见恨晚,甚至会觉得你就是他遍寻不得的志同道合的朋友。这样的社交境界,并非轻而易举就能获得,这是至高无上的境界。

希尔顿酒店在全世界都大名鼎鼎,因而很多有身份地位和经济实力的客人,都会选择入住希尔顿酒店。有一天,有一位美国女性行色匆匆地入住希尔顿酒店,看起来这位女性顾客衣着考究,言谈举止都带着掩饰不住的高雅气度,因而让人印象深刻。细心的酒店经理还发现,这位女性顾客的鞋子、帽子和皮箱,都是鲜艳纯正的中国红,这使她显得更加与众不同。入住之后,这位女性顾客很快就离开酒店,去参加提前约好的正式会谈了。

这时，酒店经理抓紧时间，让服务人员一起把这位女性顾客房间的地毯、窗帘和床品等，都换成了中国红。后来，女性顾客回来之后，发现房间完全变了样子，觉得很惊喜。她赶紧询问酒店经理，酒店经理笑着说："尊敬的女士，我发现您的鞋子、帽子和箱子都是这样独特的中国红，所以想到您喜欢红色，正好我们酒店有配套的用具，所以就给您换了。希望您能喜欢，也希望您满意。"这位女性顾客恍然大悟，不由得为酒店经理的体贴入微非常感动，因而当即开出一张巨额支票给酒店经理和服务人员作为小费。

由此可见，当一个人了解他人的兴趣爱好，并且对他人做到投其所好之后，将会起到多么出人意料的作用。不得不说，酒店经理的营销和服务是非常成功的，他不但得到了女性顾客的巨额小费，而且也为酒店争取到一个更加忠诚的顾客，可谓一举两得。

当然，我们之所以了解他人的兴趣爱好所在，并非为了拍马溜须，曲意逢迎，而是因为人的本性就是趋利避害，大多数人都想听到悦耳的话，经历顺心的事，而不希望自己处处被挤对和违背。所以，我们要避免恶意地对他人投其所好，而要真诚地与他人交往，从而才能使我们与他人的人际关系发展得越来越好。需要注意的是，我们感受他人的兴趣爱好，与他人同乐的前提，是不要勉强自己。毕竟刻意伪装出来的兴趣爱好并不长久，我们如果勉强假装和别人有着相同的兴趣爱好，也很难打动对方的心，博得对方的好感。

具体而言，我们要懂得尊重他人的兴趣爱好，哪怕他人的兴趣爱好是我们所厌恶的，我们也要意识到他人有爱好某些事物的权利，而无须取悦任何人。所以对于他人的兴趣爱好，我们可以不赞赏，但是却不要恶意攻击，或者肆无忌惮地否定。其次，在他人诉说兴趣爱好的时候，我们一定要认真专注地倾听。要知道，当我们的倾听打动对方时，对方也会对我们产生好感。此外，在他人的兴趣爱好领域，他本人无疑是最有发言权的。哪怕他不小心说错了什么，或者表现出自己局限的一面，我们也不要不合时宜地好为人师，更不要不顾他人颜面地指出错误。我们必须记住，我们不是鱼儿，我们无法真正感受到鱼儿的乐趣和感受，所以只有尽可能正确地和鱼儿和谐相处，而不要企图改变鱼儿。在和他人交往时，不管是与他人一起交谈他人的兴趣所在，还是真正体验他人的兴趣爱好，都是能够拉近我们与他人关系的好方式，都能对我们与他人的人际交往起到事半功倍的作用。

## 因人而异，及时调整说话策略

很多人形容他人擅长察言观色能及时调整说话策略时，会想起那句民间俗语，即到什么山头唱什么歌，见人说人话，见鬼说鬼话。其实，很多人误以为这些话含有贬义，实际上在人际交往中，这样的察言观色、及时调整说话策略，是完全有必要的。有些人思维僵硬，在社会交往中，尤其是在与人交流的时候总是一条道走到黑，完全不知道区分时间、场合和交谈对象。不得不说，这样的行为是非常不好的，毕竟每次遇到的说话对象是完全不同的，每个人的脾气秉性也不同，所以我们说话必须根据不同的情况，区分不同的交谈对象，才能因人制宜，因场合制宜。否则，如果不管在什么场合，也不区分见到什么人，都说同样的话，那么就会无形中得罪人，甚至使自己陷入困境。

尤其是在职场中，因为人际交往情况复杂，所以我们更要学会因人制宜，区分情况。有些人作为一个中层领导，和下属说话时难免带着颐指气使的味道，但是在面对上司汇报工作时，如果他依然颐指气使，那么必然会得罪领导，这样就事与愿违、得不偿失了。还有一些人，平日里总是非常强势，甚至不分时间、场合地强势，导致处处得罪人。如果是女人，在谈恋爱的时候也一如既往地强势，那么必然会变得像是男人婆，导致个人问题始终无法得到解决。所以有人才说，聪明的女人知道何时要自力更生，更知道何时要适当示弱，唯有该强的时候强，该弱的时候弱，女人才会在生活中更加游刃有余，在感情上也才能以示弱的姿态赢得男人的疼惜和怜爱。

在中国四大名著之一的《红楼梦》中，每个人物都栩栩如生，各具特色，但要说其中最懂得说话策略的，当数王熙凤无疑。我们来看下面的片段：

一语未了，只听后院中有人笑声，说："我来迟了，不曾迎接远客！"黛玉纳罕道："这些人个个皆敛声屏气，恭肃严整如此，这来者系谁，这样放诞无礼？"心下想时，只见一群媳妇丫鬟围拥着一个人从后房门进来。这个人打扮与众姑娘不同，彩绣辉煌，恍若神妃仙子：头上戴着金丝八宝攒珠髻，绾着朝阳五凤挂珠钗；项上戴着赤金盘螭璎珞圈；裙边系着豆绿宫绦，双衡比目玫瑰佩；身上穿着缕金百蝶穿花大红洋缎窄裉袄，外罩五彩刻丝石青银鼠褂；下着翡翠撒花洋绉裙。一双丹凤三角眼，两弯柳叶吊梢眉，身量苗条，体格风骚，粉面含春威不露，丹唇未启笑先闻。黛玉连忙起身接见。贾母笑道："你不认得他。他是我们这里有名的一个泼皮破落户儿，南省俗谓作'辣子'，你只叫他'凤辣子'

## 第六章　白德巴定理，说话要说到点子上

就是了。"黛玉正不知以何称呼，只见众姊妹都忙告诉他道："这是琏嫂子。"黛玉虽不识，也曾听见母亲说过，大舅贾赦之子贾琏，娶的就是二舅母王氏之内侄女，自幼假充男儿教养的，学名王熙凤。黛玉忙陪笑见礼，以"嫂"呼之。这熙凤携着黛玉的手，上下细细打量了一回，仍送至贾母身边坐下，因笑道："天下真有这样标致的人物，我今儿才算见了！况且这通身的气派，竟不像老祖宗的外孙女儿，竟是个嫡亲的孙女，怨不得老祖宗天天口头心头一时不忘。只可怜我这妹妹这样命苦，怎么姑妈偏就去世了！"说着，便用帕拭泪。贾母笑道："我才好了，你倒来招我。你妹妹远路才来，身子又弱，也才劝住了，快再休提前话。"这熙凤听了，忙转悲为喜道："正是呢！我一见了妹妹，一心都在他身上了，又是喜欢，又是伤心，竟忘记了老祖宗。该打，该打！"又忙携黛玉之手，问："妹妹几岁了？可也上过学？现吃什么药？在这里不要想家，想要什么吃的，什么玩的，只管告诉我；丫头老婆们不好了，也只管告诉我。"一面又问婆子们："林姑娘的行李东西可搬进来了？带了几个人来？你们赶早打扫两间下房，让他们去歇歇。"

在贾府之中，很多人都曾惹得贾母不高兴，唯独王熙凤，每句话都能说到贾母的心里去。她心知肚明，贾母才是贾府的当家人，她只是个总管而已。因而，她要想一手遮天，大权独揽，就必须牢牢依靠着贾母，只有这样，才能让众人服气。也正是因为

察言观色、见风使舵的本领，王熙凤才能在贾府中左右逢源，上下弄权。

不得不说，说话虽然很简单，只要动动嘴皮子就行，但是如果想把话说好，说得恰到好处，起到预期的效果，就没那么容易了。不仅在职场上我们说话要察言观色，在现实生活中，我们也要学会与不同的人沟通，才能经营好人际关系。总体而言，我们不管和谁说话，都要注意以下几个方面，诸如要组织好语言，使语言更加准确到位。再如说话要把握好分寸，不要不到位，也不要说得过度，因为过犹不及。凡事皆有度，适度才能起到最好的效果。最后，说话还要区分对象，和不同性别、不同年纪、不同人生经历和教育背景、不同观点的人交往，一定要及时调整自身的说话策略，才能把话说到他人的心里去，也才能成功打动他人的心。很多朋友也许会说，我根本不了解他人，如何才能把话说得迎合他人的心理需求呢？前文说过，只要察言观色，多多用心，我们就能对他人有初步的了解，也能尽量把话说到他人的心里去。

每个人都是社会的一员，都要在群体中生活。要想在社会生活中受人欢迎，我们在与人交往时就要学会随机应变，从而及时调整说话策略，尽量把话说得打动人心，说到他人的心里去。

## 第七章

## 杰亨利法则，待人接物时真诚放在首位

## 真诚，良好沟通的前提

人与人之间相处的基础，就是真诚。如果没有真诚，也许可以表面上看起来关系亲密，但是实际上只是面和心不和，彼此根本无法产生感情共鸣。这样一来，交流如何能产生预期的效果呢？只怕一旦我们的虚情假意被对方识破，对方还会对我们严加防范，甚至对我们不以为然呢！因为话语缺乏真诚，就会失去朋友的真心相待，失去爱人的理解和信任，失去同事的鼎力相助，这对于现代人而言无疑是得不偿失的。

人是感情动物，每个人都会把感情放在第一位进行考虑。所以一个人即使想对他人晓之以理，也必须首先对他人动之以情。从心理学的角度而言，人们对他人产生心理防范实际上是正常行为。这就像是电脑有防火墙一样，我们也必须消除他人的心防，才能成功走进他人的心里，从而与他人相互理解和信任，使得与他人之间的交流事半功倍。真情，能够引起他人的感情共鸣，也能够成功打动他人的心，使他人对于我们更加信任，也愿意与我们坦诚相见。在社交场合，我们与他人的交流经常会陷入尴尬的

## 第七章 杰亨利法则，待人接物时真诚放在首位

局面，其实只要足够真诚，倾注真情，交往的难堪局面就能得以缓解。

自从下岗之后，马姐就开起了出租车，虽然很辛苦，但是总算能够自食其力，养活自己和家人。有一天，马姐大晚上去车站附近搭载客人，有个看起来有些惊慌的年轻人，拉开车门，上了马姐的车。

刚刚走了没多远，到了一条人迹罕至的街道上，年轻人突然拔出一把尖刀，威胁和恐吓马姐："赶紧把钱掏出来，不然我要你的命。"马姐意识到自己身处险境，马上掏出身上一天所得——300元钱，她把钱递给年轻人，说："这是我一天挣的钱，都给你，请你不要伤害我。我上有老，下有小，还要养家糊口呢！"年轻人显然没想到马姐这么痛快地给钱，有些愣住了，马姐又说："这里还有20元钱，也给你吧，我知道你一定是走投无路，才会这么做的。其实，我也曾经像你这么难，我能理解你的苦衷。当时我刚刚下岗，找不到工作，但是一家老小却等着吃喝，我丈夫还卧病在床，我甚至都想去卖肾了。"听到马姐的话，年轻人放下了手里的刀子。马姐说："你想去哪里？我送你到你家附近吧。"在年轻人吞吞吐吐说了个地址之后，马姐启动汽车，朝着年轻人的目的地驶去。马姐说："年轻人，我看你挺强壮的。不如找点儿事情做做吧，如今经济这么发达，挣钱的路子很多，只要你肯花力气，养活自己是没问题的。而且走正道多好哇，当你付出很多，

坚持努力，你甚至还会有所成就，从而使自己的人生发生质的改变和飞跃。也许，你还会飞黄腾达呢！"

到达目的地，年轻人把钱还给马姐，马姐真诚地说："这个钱，就当是姐姐帮你的。你只要走正路，这点儿钱姐姐愿意支持你。"年轻人感动得落下泪来，拿着钱对马姐说："姐姐，我会尽快还你钱的。"

面对突如其来的危险，马姐没有反抗，而是努力以真诚和真情打动年轻人。这样一来，年轻人居然产生了羞愧和懊悔的心，从而决定改过自新，重新做人。

以真诚打动人心，首先要话语真诚，其次还要设身处地为他人着想，才能更加理解他人，把话说到他人的心里去，也能够做到站在对方的立场上说话，最终让对方对我们的话更加认可，也愿意接纳我们的话。

感情，是人与人沟通和相处的桥梁，要想打动他人的心，我们就必须跨越感情的桥梁，从而走入他人内心。当我们与他人推心置腹时，以真情打动他人，才能得到对方的信任。

## 犯错不可怕，道歉不真诚才可怕

常言道，智者千虑，必有一失；愚者千虑，必有一得。这句话告诉我们，一个人就算再怎么聪明能干，思虑周全，也难免会有考虑不周而犯错误的时候。因而，一个人在成长的过程中，都不可避免地会犯各种各样的错误，也可以说人就是踩着错误的阶梯不断拾级而上的。

对于错误，大多数人都怀着宽容的态度，尤其是那些并非故意的错误，只要犯错的人能够真诚道歉，很少有人会揪着他人的无心之过不放。就连大军事家孙子也曾经说，每个人都会犯错误，只要能够改正，就还是能够得到他人认可和敬仰的。人非圣贤，孰能无过。在犯错之后，我们唯有及时反省自己，认识错误，并且积极改正错误，才是应该有的态度。当我们的错误给他人带来伤害或者严重后果时，我们更应该积极主动地向别人道歉，尽力弥补他人损失，才能得到他人的谅解。当然，在向别人道歉时，我们一定要保持真诚的态度；否则，敷衍了事地道歉，是无法得到他人谅解的。

| 掌控谈话 |

　　卡耐基的家距离森林公园很近，近到步行也只需要一分钟的时间。为此，卡耐基把森林公园当成了自己家的后花园，走出家门，就会去森林公园散步。卡耐基有一条小猎狗，叫雷斯。卡耐基很喜欢性情温和的雷斯，又因为森林公园里人迹罕至，所以他还常常带着雷斯去森林公园里散步。如果发现没有什么人，他就会取下拴雷斯的链条，或者摘掉雷斯的口罩，让雷斯自由自在地撒欢。

　　一天，卡耐基和雷斯正在森林公园里散步时，雷斯此时恰巧既没有系着链条，也没有戴着口罩，他们遇到了警察。警察严厉批评了卡耐基对雷斯的放纵，卡耐基却低声辩解道："雷斯很温和，我觉得它应该不会攻击人。"听到卡耐基的话，警察明显愤怒了，说："你觉得？难道法律是以你的意志为转移的吗？如果它咬死松鼠，咬伤孩子，你能负得起责任吗？这次我暂且不追究，但是如果有下次，你只能去见法官了！"卡耐基此后收敛了一段时间，严格按照法律规定给雷斯拴链条，戴口罩。但是他们很长时间都没有碰到警察了，因而一天下午，卡耐基忍不住又给雷斯松绑了。遗憾的是，他们再次遇到警察。想起上次不愉快的经历，卡耐基这次不等警察批评，就赶紧自我批评："很抱歉，先生，我看小狗实在可怜，又给了它自由，但是我一直记得您的话。"出乎卡耐基的预料，警察反而和颜悦色地说："反正这里也没什么人，你多多留神就好了。现在，你赶快带着它去我看不到的地方吧，我就当从未遇到过你们。实话说，这条小狗可真可爱呀！"

其实，卡耐基明知故犯，原本警察是应该更生气的，但是既然卡耐基道歉的态度很真诚，而且道歉也很及时，并且进行了自我批评，警察当然也就没有必要再批评他了。同时，卡耐基表示自己牢记警察的告诫，也使警察感觉到自己是被尊重和重视的，所以他心里的怒气也就消除了很多。不得不说，卡耐基很了解人的心理，因而才能运用这个心理学策略成功地打动了警察的心。

及时真诚地道歉，能够化解他人心中对于我们错误的愤怒感，使得别人更愿意原谅我们。除了进行自我反思与自我批评之外，道歉的时候，适度地恭维和赞美他人，也会使我们的道歉起到事半功倍的效果。当然，既然是道歉，只有真诚还是不够的，也要有恰到好处的形式，还要把握好最佳时机。如"对不起""很抱歉""请原谅"之类的礼貌用语，都能很好地为我们的道歉加分，使我们的道歉起到预期的效果，有效缓解我们与他人之间的尴尬和矛盾。当然，如果有些朋友觉得直接道歉让自己很不好意思，那么也可以采取写信的方式，或者是利用现代通信手段，采取打电话、发短信、发微信等方式，向他人表达我们的歉意。总之，道歉一定要记住，必须及时、真诚，把握时机，才能更好地向他人传达出我们的歉意。

## 真诚是说服别人的法宝

有些人觉得说服是轻而易举就能做到的,尤其是那些已经习惯了强势要求他人对他言听计从的人,他们其实误解了说服的本义。从本质上来说,说服他人不仅仅是语言的博弈,更是心理力量的较量。很多强势的人轻而易举地就能从语言上征服他人,让他人因为畏惧他的权势而不敢表示反对。但是,真正的说服绝不是勉强,而是让人心服口服。如果你总是勉强他人接受你的观点,那么他人虽然表面看起来很服你,实际上心中满是愤愤不平。等到合适的时机,他一定会选择爆发或者反抗,因为他的心里有不服气的火种。与真正的心服口服相比,这样的说服就像是埋着一颗定时炸弹,随时都有可能爆炸。

真正善于说服的人,不会强迫他人接受他的观点,而是努力地从心理上让他人接受。老百姓常说,强扭的瓜不甜。我们只有放弃高压强权,真正放低姿态,与他人平等地交流,了解他人心中的所思所想,才能做到真正的沟通。需要我们每个人牢牢记住的是,强迫的接受不是接受,发自内心、心甘情愿的接受才是真正的接受。任何说服工作,都不能借助于外界的压力,而必须建立在彼此尊重和了解的基础上,彼此坚持真诚友善的原则。

马上就要周末了,经过一个星期紧张而又忙碌的学习,妈妈原本计划带乐乐去看电影。然而,就在妈妈马上要付款买票的那一瞬间,电影的特惠票突然结束,原本30元一张的电影票,瞬间变成了60元一张。妈妈觉得很懊悔,要是早一分钟买票也就不会这样了。为此,她心中愤愤不平,暗暗决定不看电影,去公园玩。

当妈妈试探着和乐乐说去公园玩时,乐乐很不乐意。他说:"不是说好要看电影的吗?我还想吃爆米花呢!"妈妈对乐乐说:"电影票涨价了,咱们等到有优惠的时候再看吧!"乐乐很不高兴,说:"要不用我的零花钱买票吧!""你的零花钱也是钱哪,你又不是大款。要不咱们就去公园玩,下次再去看电影好不好?"乐乐极其不情愿,翻箱倒柜地找出轮滑,说:"要去公园,我就带着轮滑。"乐乐的轮滑已经一年多没穿了,显得很脏。然而想到已经强迫乐乐改变主意不去看电影,妈妈只好不说什么,任由乐乐带着轮滑。可到公园之后,妈妈开玩笑地和乐乐说:"这个轮滑鞋太脏了,你可别说你认识我呀,穿着这鞋子丢人。"乐乐恼火地说:"你还是不是我妈妈呀?不带我看电影,现在又说不让我叫你妈妈!"说完,乐乐独自拿着脏兮兮的轮滑鞋,一个人去滑了。

也许是因为心中闷闷不乐,乐乐刚刚滑了几分钟,就不小心摔倒了，导致右腿胫腓骨骨折。至此，妈妈懊悔不已。首先，她没有兑现自己的诺言，说好的看电影，因为票价涨了，就被她私自改成去公园玩，还强迫乐乐必须接受她的改变。后来，她又不顾乐乐的自尊心开玩笑，让乐乐觉得自己穿着脏兮兮的轮滑鞋太丢人，连妈妈都不要他了。受伤事件发生后，妈妈懊悔不已，如果她能够尊重乐乐，带着乐乐去看电影，也许就不会发生这样的意外了。

在父母对待孩子的过程中，强制孩子接受成人观点的现象特别普遍。父母总觉得孩子是他们生的，他们养的，因而就必须凡事都听他们的。又因为孩子没有独立的经济能力，父母就更加以此为借口强迫孩子们必须凡事都听他们的。这样的结果，最终导致孩子心中留下阴影，即使勉强接受了父母的安排，也觉得心不甘情不愿；甚至因为心情郁郁寡欢，导致心神不宁，发生意外伤害。

人与人都是平等的，即使是刚刚出生，吃喝拉撒都要依附于我们的小婴儿，也是有着独立人格的。作为父母，除了给孩子吃好喝好之外，更要尊重和关注孩子的心灵。成人之间也是如此，连小小年纪的孩子都不愿意被他人强迫，更何况是有着独立性的成人呢！因而，我们不管与谁相处，都应该本着真诚平等的原则，切勿把自己的要求强加于人；否则，一定会招人讨厌，长此以往就会变成孤家寡人。

## 真诚地拒绝别人

生活或工作中，每个人都难免遇到别人向我们求助的情况。当然，我们应该力所能及地帮助他人，但是当我们被他人求助时，虽然我们一心想帮助对方，却因为能力不足或者实际情况不允许而不得不拒绝对方时，又该怎么做呢？有些人在拒绝他人的求助时，喜欢采取拖延法，或者编造一些听起来合情合理的理由做借口。然而，他们不知道的是，坦诚相见永远是人际交往的首要原则，如果你遮遮掩掩，最终非但不能帮忙，反而耽误了他人办事的最佳时机，到那时你一定会更招怨恨。

乔乔和静静在大学时期就是好朋友。她们虽然不住在同一个宿舍，但是两个人的宿舍离得很近，只有一墙之隔，因而每天去教室或者回宿舍时，她们总是形影不离。即便是一日三餐，她们基本上也都是在一起吃的。周末就更不用说了，她们总是一起逛街，一起去图书馆，一起做任何事情。同学们都说她们好得像一个人，用今天的话来说，就是骨灰级闺密。

大学毕业后，乔乔回到家乡做了一名小学老师，静静则留在大城市里继续打拼。刚开始时，她们还交往甚密，每个星期基本都通电话，说些开心的或者伤心的事情。后来，乔乔和静静都到了谈恋爱的年纪，彼此都有了男朋友，因而电话越来越少了。但是，这并不影响她们心里依然把对方当成自己最好的朋友和闺密。前段时间，乔乔和男朋友张罗着结婚，买房的事情也提上了日程。因为两家的经济状况都不算很好，因此凑了很久还是差10万元房款。为此，乔乔专门打电话给静静，因为在此之前静静总是告诉乔乔她每个月挣1万多元的工资。乔乔想：静静居然一个月挣我半年多的工资，一定攒了很多钱，10万块总还是拿得出来的吧。不料，静静接到乔乔的电话后支支吾吾地说：“嗯，我的确工资很高。不过，我的钱都在股票里，大概要一个星期才能拿出来，你能等吗？”乔乔着急地说：“要是你确定一个星期就能拿出来，我就等，我这边实在是没其他地方可以借了。但是，这边售楼处也催得很急，一个星期应该就是极限了。”挂断电话后，静静心里七上八下。其实，她每个月的工资才4千块钱，和乔乔说月薪1万多纯粹是为了面子。在大城市，4千块钱仅够她养活自己，根本没有结余。

一个星期后，乔乔给静静打电话，静静却依然支支吾吾：“我也想买房，要不你再想想其他办法吧。”听到静静的话，乔乔生气地说：“你怎么这样啊？你没钱借我应该早点说，你这样推托我，又耽误了我一个星期的时间。我以为你这边没问题，把定金都交了呢！”说完，乔乔就气急败坏地挂断了电话，四处筹钱去了。静静越想越觉得内疚，最终给乔乔发信息表示歉意："很抱歉，乔乔。长期以来，我都骗了你。我其实每个月只有4千块钱的薪水，只够交房租和吃饭的。都是因为我爱慕虚荣，才骗你说月薪1万的。但是，我是真心想帮你的，我这一周一直在借钱。你也知道，大城市人与人之间关系很冷漠，我工作时间又不长，因此根本没人愿意借钱给我。对不起，乔乔。"看到静静的信息，乔乔才原谅了她。

在这个事例中，如果静静一开始就拒绝乔乔，不管以什么理由，也许都不会让乔乔这么生气。就是因为静静故意拖延了一个星期，导致乔乔筹钱的时间被耽误，所以乔乔才这么生气。同样，静静拒绝乔乔时也不够坦诚，依然是为了面子而突然说自己也想买房。后来，看到乔乔气急败坏，静静很担心自己会失去这个好朋友，所以才发短信说了难堪的事实。任何时候，我们在无法帮助他人时，都不要随口敷衍，否则就会给对方以希望，导致对方无法准确判断情况，不能做出及时的应对。大多数向我们求助的人，一定都是非常信任我们的人，因而我们必须坦诚地拒绝他人，让他们掌握最新最真实的情况，从而早做打算。

人与人之间的相处，一定要真诚坦率。不管遇到什么事情，即使是在拒绝别人时，我们也应该保持真诚坦率，客观地说出自己的难处，那么，对方也一定会理解我们。千万不可犯上面例子中静静的错误。

## 真诚的笑，无形中拉近双方的距离

在生活中，每当接触陌生人时，我们总是能够感受到强烈的警惕和戒备心理。这种警惕和戒备，大多缘于对方对你的不了解。很多情况下，人们的恐惧都来源于未知。如果能够事先判定一个人是好人还是坏人，则恐惧也会随之消失。然而，现代社会生活和工作的节奏都大大加快，我们随时随地都有可能面对陌生人，或者是作为陌生人被面对，又该如何是好呢？最简便快捷的方法，无异于展示你最纯真美好的名片——笑容。

在世界各国，也许各个国家的人们语言不通，风俗习惯也各不相同，但是唯独笑容是全世界通用的。唯有真诚的微笑，能够在一语不发的情况下就成功消除人与人之间的隔阂，打开他人的心扉。因而，当你不知道如何与人相处时，当你不知道怎样介绍自己以取得他人的信任时，当你不知所措地面对窘境时，不如真诚地笑起来吧。不管是微笑，还是大笑，不管是张扬的笑，还是含蓄的笑，总是具有相同的效果，能够瞬间让我们成为受人欢迎的人，成为不再被警惕和戒备的人。有的时候，人们之间彼此产生了误解，笑容同样是最好的消除隔阂的方式。没有人会对一个冲着自己笑的人呵斥，更不会与其针锋相对，即便彼此之间真的有什么误解或者纷争，也会因为笑容变得缓和。

有一次，马波因为出差赶火车，在车站里急急忙忙地走着。突然之间，一个衣衫褴褛的中年男性拦住了他，向他乞讨一些钱。中年男性看起来非常憔悴，而且面容苍老，一看就是个农民工。但是现在这个年头坏人实在太会伪装，马波虽然愿意帮助他人，却不想自己辛辛苦苦挣来的钱被骗子骗走。他迟疑地问中年男性："你回家的车票多少钱？"中年男性不好意思地说："成人是60元，儿童是30元，要90块钱。"听到这句话，马波才发现中年男性的身后还有一个七八岁的孩子。

就在马波的目光看向孩子时，孩子突然笑了。他脏兮兮的小脸就那么一瞬间绽放开来，露出了洁白的牙齿。这一刻，马波的心被笑容温暖，渐渐融化，他想："算了，宁愿被骗，也不能不帮这对父子。"想着，他拿出100块钱，递给中年男人。中年男人激动地说："太多了，太多了。"马波头也不回地走了，边走边喊道："给孩子买点儿吃的。"在站台上，马波等了很长时间，他要搭乘的列车却晚点儿了。正当他焦急万分时，一个稚嫩的声音喊道："叔叔，再见！叔叔，再见！"马波抬眼看去，依然是那天真的笑容。马波心花怒放：这对父子回家了。

面对现代社会形形色色的骗子，很多人在行善的时候都有些迟疑不决，归根结底，谁的钱都不是大风刮来的，帮助真正需要帮助的人当然要慷慨，但是对骗子却绝不能心慈手软。幸好，小男孩真诚的笑容感动了马波，消除了马波心中的警惕和戒备，让他相信这对父子真的需要帮助。尤其是当站在站台上等车的马波看着随列车飞驰而去的父子时，心中感到无比欣慰。

微笑，是人类最美丽的妆容。当你面对陌生人时，如果想得到对方的帮助，或者想和对方友好地交谈，那么你一定要用微笑来装饰自己。任何情况下，人们都很难拒绝一个向自己微笑的人，因为微笑是最动人的语言。需要注意的是，微笑应该是完全发自内心的，真诚的。人的感觉是非常敏锐的，他们总是能够判别哪些微笑是真心的，哪些微笑是虚情假意地挤出来的。

微笑时，我们还应该用目光与他人进行眼神的交流。眼睛是心灵的窗口，你要想得到他人的认可，就应该向他人敞开自己心灵的窗口。你把微笑与眼神结合起来，也就预示着你的沟通成功了一半。从现在开始，就让我们敞开心灵对他人微笑吧，你会发现你身边微笑的人会越来越多，你们彼此之间的关系会更加和谐融洽。

微笑确实带有不可思议的魅力，即使人们知道微笑的背后也许并不带有什么感情色彩，人们也会不由自主地表现出喜欢来。微笑是人的一张非常重要的社交名片，说话时，得体的微笑会给人一种亲切感，会在无形中拉近双方的距离，进而形成融洽的交往氛围。

## 第八章
## 登门槛效应,在循序渐进中说服对方

# 用登门槛的方法更容易实现目标

在心理学范畴内,登门槛效应是一种非常常见的现象,有时也被称为得寸进尺效应。具体地说,即人们虽然会直接拒绝那些看似不可能实现的、难度较大的要求,但是如果我们刚开始时只是提出一个不值一提的小要求,待对方接受后,再循序渐进地提出更高的要求,如此一来,对方就更容易接受我们的要求。形象地说,这种现象和一级一级拾阶而上很像,只有循序渐进,才能攀上高峰。

1966年时,美国的心理学家进行过一个著名的实验,登门槛效应也是实验之后才提出的。他们派人登门拜访一些家庭主妇,请求她们在自家窗户上挂一个牌子。当然,对于这无关紧要的事情,这些家庭主妇全都同意了。经过一段时间之后,他们再次派人登门拜访这些家庭主妇,请求在她们的院子里挂一块很大且不那么赏心悦目的牌子。出乎他们的意料,有至少一半的家庭主妇同意了。此后,他们又派人登门拜访另一些家庭主妇,直接向她们提出请求,要在她们的院子里挂一块很大而且不太美观的牌子,

| 第八章　登门槛效应，在循序渐进中说服对方 |

结果，这些家庭主妇中大多数人都直接表示拒绝，只有不到20%的家庭主妇勉强同意。随后，美国的心理学家还进行了类似的实验，最终证实了人们在面对很难完成的要求时，往往会直接拒绝。而在先接受无关紧要的小要求的受试者中，则接受难以完成的要求的人会占更高的比例。

1984年，一位默默无闻的日本人参加了东京国际马拉松邀请赛，并且取得了让人惊讶的好成绩——世界冠军。他叫山田本一，在此之前名不见经传。尔后，诸多的记者争先恐后地采访他，这些记者问得最多的问题就是：你是如何跑出这么好的成绩的？对此，山田本一漫不经心地说："凭着智慧。"很多人在听到这句回答后，都觉得山田本一是在故弄玄虚，因为马拉松比赛比的是耐力和超强的体力，与智慧有何关系呢？！

两年之后，山田本一参加了意大利国际马拉松邀请赛，再次夺得世界冠军。记者们依然追问他是如何取得好成绩的，他也依然回答："凭着智慧。"毫无疑问，记者依然疑惑不解。直到10年之后，山田本一出版了自传，这个谜底才被揭开。原来，山田本一每次比赛前，都会提前熟悉比赛线路，并且一一画下显眼的标志，直到整个赛程结束。当发令枪一响，他就会全力以赴地冲向第一个标志物，如此类推，直到冲向赛程终点的最后一个标志物。随着不断超越每一个目标，他也越来越自信。因此，他总是能以相对快的速度完成一个个目标，所以才能遥遥领先地跑完40

111

多公里的赛程。

对山田本一来说，如果把40多公里的赛程看成一个整体，则一定会产生畏难和抵触心理；而当他把整个赛程分成若干个小目标时，他总是能够不断地超越近在眼前的目标，从而获得自信，也获得勇气和力量继续跑下去。从目标的角度来说，这是一种分解目标的方式。然而，从登门槛效应的角度来看，这就是登门槛效应的典型表现。很多马拉松选手都会半途放弃，就是因为他们觉得任务艰巨，难以完成。而山田本一则不同，他的目标就在眼前，只要实现了这一个目标，再接二连三地实现接踵而至的一个个小目标，他就距离成功不远了。

生活中，我们在向他人求助时，如果任务艰巨，不能一蹴而就，不如也借鉴登门槛效应，把艰巨的任务划分为一个个小的阶段性任务，从而让他人先接受帮我们一个小忙，然后再接受帮我们一个小忙，最后循序渐进，让对方同意帮我们一个大忙。如此一来，我们的愿望就实现了。巧用登门槛效应，我们才能如愿以偿地得到对方的慷慨帮助。

## 潜移默化中把握谈话节奏

著名画家张大千留着长长的胡须，而且爱自己的胡须胜过生命。有一次，几个朋友在一起吃饭，酒过三巡时，有个朋友一时兴起，不停地拿张大千的胡须开玩笑，并且伙同另外几个朋友一起调侃张大千。对此，张大千先是沉默不语，后来实在忍无可忍，就开始不动声色地反驳。

张大千不疾不徐地说：“看到大家说得这么高兴，我也有个与胡须有关的故事，可以说出来供大家娱乐。据说，当年关羽和张飞阵亡之后，刘备调兵遣将，想集结兵力为这两个兄弟报仇。听说此事后，张飞和关羽的儿子都争先恐后要当主帅，以便亲手为父报仇。眼看着他们争执不休，为了表示公平，刘备让他们分别讲述各自父亲的战功，谁列举的战功多，谁就有权当主帅。这时，张飞的儿子张苞抢先说道：'我的父亲当年在当阳桥大展雄风，还战胜了马超，又凭借智慧占领了瓦口，又劝降了严颜，可谓真英雄也。'这时，关羽的儿子关兴也不甘示弱，原本就口吃的他因为紧张，更加结结巴巴地说：'我的父亲有几尺长的美须，当

| 掌控谈话 |

年献帝还曾经亲口夸奖他是美髯公呢！所以，必须由我来当主帅，率领大军为父报仇。'此时此刻，正立于云端的关公气得连声叫骂：'这个无用的不孝子，我斩颜良，杀死文丑，浴血沙场，奋战不已，还单刀赴会，这么多英雄事迹都不讲，只说老子的胡须有什么用处！'"

听完张大千的话，在场的朋友们全都你看着我，我看着你，谁也不知道该说些什么。从这一刻开始，不但当天的宴席再也没有人说起关于胡须的话题，在此之后，也再也没有人以胡须为理由调侃张大千了。

在这个事例中，如果张大千对于众人拿他视若生命的胡须开玩笑，当场表示愤慨，甚至与人反目成仇，那么非但无法达到预期的效果，还会被他人视为小气，视为缺乏肚量，甚至因此被人诋毁。但是，张大千非常聪明，他没有采取任何过激的举动拒绝大家的调侃，而是采取迂回引导的策略，直接把处于他人那里的谈话主导权收回自己手里，只一个简简单单的故事就让众人面面相觑，不知如何反驳和应对。这样一来，整个宴会席间的气氛全在张大千手中控制着。如果他接下来说些轻松的话，大家就能从尴尬之中摆脱出来；如果他接下来依然一本正经地板着脸孔，大家就会陷入难堪的沉默，甚至正常宴席都会不欢而散。这就是张大千扭转局势、反败为胜，取得主导地位的故事。

在人多的社交场合，尤其是在有多方参与交谈的情况下，掌握谈话的主导权是很重要的。当我们想要表达不同意见时，如果直截了当地怒斥他人，则很容易导致事情恶化，甚至得罪在场的所有人。因为大家总会觉得，为了大家的高兴，拿你开开涮又有什么呢？其实不然，作为当事人，或者是作为众人调侃的焦点，一定觉得非常尴尬。在这种情况下，最重要的不是反驳某一个人，而是努力夺回谈话主导权，从而改变整个谈话的方向，掉转话头。这样一来，谈话顺利进行就会变成水到渠成的事情。

## 在迂回曲折中获取成功

在说服他人时，我们总是非常心急，恨不得一蹴而就，让说服马到成功。偏偏，说服工作是个慢活儿，正所谓心急吃不了热豆腐，是急也急不来的。要想说服他人，我们就要耐下心来，逐步推进，让对方从心里接受你，理解你，认可你。尤其是当遇到他人偏要与我们背道而驰时，着急发火更无法解决问题。我们经常从影视剧上看到，在无数战争中，强行攻占敌人的高地总是损失惨重。只有迂回曲折地包抄，才能在最大限度保存力量的基础上，获得最好的结果，说服也是如此。如果我们偏要与他人拧着来，甚至非要强迫他人接受我们的观点、意见和看法，则往往事与愿违。当进攻遇到顽固抵抗时，改变战略，迂回前进，才是明智之举。

战国时期，赵国的都城邯郸被魏国的大军团团围困住。被迫无奈，赵国不得不派出使者，去向齐国求援。齐国国君为了给赵国解围，派出大将田忌和孙膑。田忌和孙膑都是用兵高手，善于谋划。在发现魏国把主力军都派到赵国之后，他们决定不去帮赵国解围，而是率兵攻打魏国的都城。眼看都城即将失守，魏国情急之下只好调遣主力部队班师回朝。不承想，在人困马乏之际，中了齐军事先设下的埋伏，大败而归。此一仗，不但解了赵国的围，而且还打得魏军措手不及，是避重就轻战术的运用典范。这样的战术，不但有利于保存实力，以最小的成本获得最高的收获，也能迂回曲折，出其不意。如果我们能把这个战术运用到说服他人的过程中，则也能够起到出其不意的效果，且能够事半功倍。

为了把骄傲得像公主一样的小青追到手，李磊简直费尽心思。他不但向哥们儿取经，而且还花费巨资经常给小青送昂贵的礼物。然而，长得美若天仙的小青有无数的追求者，根本不把李磊放在心上。而且，小青是个乖乖女，不想这么早就谈恋爱，她总是说要多多陪伴父母。这简直让李磊崩溃，他再也没有招数了。

一个周末，李磊在商场里无意间碰到小青，她正挽着妈妈的胳膊逛街呢。看得出来，小青和妈妈的感情很好，就像一对姐妹花。突然间，李磊脑海中灵光一闪，如果能把未来的丈母娘搞定，小青的问题是不是也就迎刃而解了呢？思来想去，李磊决定再进

## 第八章 登门槛效应，在循序渐进中说服对方

行一番努力。第二个周末，李磊得知小青要去外地学习半个月，因而带着精心准备的礼物，来到了小青家里。看到小青的父母之后，李磊先是进行了简单的自我介绍，就把陈年老酒和明前茶送给小青爸爸，还把专门托人从法国带来的香水送给了小青妈妈。看到李磊如此体贴，小青的父母都很高兴。最让他们惊讶的是，在快到吃午饭的时间，李磊居然亲自下厨为他们做了地道的川菜。原来，小青的父母祖籍四川，是读大学之后才把家安在遥远的北京的。吃到地地道道的家乡味，他们惊讶极了。当然，吃完饭之后李磊也没闲着，他不但清理了油烟机，还陪着小青爸爸下了好几盘棋，这才告辞。

这样一天下来，对于这个眉清目秀、嘴巴甜、手脚勤快的小伙子，小青父母都很喜欢。接下来的周末，李磊依然展开对丈母娘的攻势，再次主动上门陪伴丈母娘和老丈人。恰逢小青正好外出学习，老两口也很寂寞，因此他们很欢迎李磊。等到半个月之后，李磊显然已经成了家里的常客，小青的妈妈还特意为他准备了拖鞋呢！不出李磊的意料，等到小青回来后，父母经常在她面前念叨李磊的好，小青越来越关注李磊，甚至还让李磊邀请她看电影呢！如此一来二去，小青和李磊越来越熟悉，小青渐渐也对李磊产生了好感。最终，李磊如愿以偿地把小青变成了他的女朋友，并依然与小青的父母相处得和谐融洽。小青妈妈经常对人说："我这个准女婿，可比儿子更贴心！"

在追求小青的过程中，李磊无疑采取了迂回曲折的办法。就像齐国包围魏国的都城为赵国解围一样，李磊也通过先博得小青父母的好感，最终赢得了小青的芳心。这样的方法，让李磊在诸多追求者中脱颖而出。常言道，闺女是妈妈的小棉袄。作为女儿，一定是与妈妈最贴心的。因而，当妈妈不停地说李磊的好话，小青自然也对李磊越来越关注，直至对卖力表现的李磊产生好感。

不管是在生活中，还是在工作中，我们在说服他人时，总会遇到难以攻克的堡垒。唯有让脑筋灵活一些，避免以硬碰硬，有效保存实力，才能事半功倍。我们必须记住，说服的最终目的就是让他人心服口服，因而我们必须找到最合理的方法，才能如愿以偿。

## 把自己的想法变成对方的想法

每个人都是这个世界上独一无二的存在，有自己的思想观点，有自己独特的成长经历和人生背景，对于事情的理解也带有强烈的主观色彩。因而，在面对他人的指指点点时，大多数人都表示反感，而很少有人愿意接受他人的意见或者建议。那么，当我们要向他人灌输我们的观点时，应该怎么做才能尽量减少他人对我

## 第八章 登门槛效应，在循序渐进中说服对方

们的抵触和排斥心理，从而使他人更愿意接受我们呢？一个人也许会抵触他人，但是却不会对抗自己，因而要想让我们的观点被他人接受，那么最根本且高效的方法在于，把我们的观点转化为他人的观点。这样一来，还谈何是否接受呢？因为这个观点原本就是他自己的观点哪！只要做到这一点，所有难题都会迎刃而解。

相比起接受他人的命令和安排，我们更愿意按照自己的想法做事。细心的朋友会发现，我们更加信奉自己的观点，而对于他人的观点，哪怕是再完美的，我们也不会欣然接受。这是人之常情，其实无可指责。因而明智的朋友不会把自己的观点强加于人，而是会采取提建议的方式，让他人考虑我们的建议，从而最终自己得出结论，按照自己的明智决定去做。曾经有位名人说，说服工作是否成功，就在于被说服者是心甘情愿按照我们所说的去做，还是勉为其难，甚至是不愿意接受我们的观点。

在担任纽约州长期间，西奥多·罗斯福做出了一件伟大的事情。他提出了很多改革方案，尽管被很多重要人物反对，但是他却勇往直前，最终获得成功。他到底是怎么做到这一点的呢？难道那些重要人物会听他的话吗？其实，罗斯福之所以能做到这一点，并非因为他有与众不同的能力，而是因为他很擅长说服他人。

每次有职位空缺出来，罗斯福并不会指定任何人来填补空缺，而是请那些重要人物为他推荐哪些人曾经从事过相似或者相同的职务。刚开始时，那些重要人物的确会提名很多能力方面有欠缺

的人，甚至是毫无能力而只会拖后腿的人。对此，罗斯福没有气恼，而是心平气和地告诉他们，允许这样的人上台，只会得到公众的一致反对。后来，那些重要人物又会给罗斯福推荐能力平庸的人，这些人虽然没有错误可指责，但是也没有任何功劳值得炫耀。为此，罗斯福不得不再次告诉那些重要人物，这样的人根本不符合公众的预期。

无奈之下，那些重要人物不得不进行第三次提名。但是结果依然不尽如人意。在被罗斯福拒绝后，他们进行第四次提议，这次他们终于说出了罗斯福心仪的人。罗斯福当然会对那些重要人物的帮助表示衷心的感谢，并且顺水推舟对那些重要人物第四次提名的人委以重任。当然，罗斯福没有把这一切归功于自己，而是把所有功劳都记到那些重要人物头上。他告诉那些重要人物，正是因为有了他们的推荐，他才能提拔有用的人才。这些重要人物全都沾沾自喜，觉得罗斯福的功劳全都是他们的，等到罗斯福提出各种法案时，他们全都举手表决通过。就这样，罗斯福成功了，他把自己的想法变成了那些重要人物的想法，而且还对那些重要人物的出色表现表示赞许。最终，那些重要人物都很喜欢罗斯福，而且对于罗斯福的各种提案全都通过。

毫无疑问，罗斯福的很多提案的确至关重要，也牵涉到很多人的利益，所以可以想象，罗斯福的提案要想通过是很难的。但是罗斯福非常聪明，他把主动权交给那些重要人物，并且引导那些重要人物做出他想要的决定，最终使得那些重要人物都对他感到很满意，也坚决拥护他的各种提案。的确，有谁会反对自己呢？把我们的想法变成他人的想法，我们当然会得到他人的衷心拥护。

任何时候，我们要想得到他人的支持，就要努力想方设法把我们的想法和观点转化为他人的想法和观点。唯有如此，他人才会真诚地支持和认可我们，我们也才能如愿以偿获得成功。

## 巧用心理定式说服对方

所谓心理定式，也叫思维定式、惯性思维等。在心理定式的影响下，人们受到之前的心理准备活动或者准备状态的影响，导致其后的心理状态也沿着之前的心理轨迹向前推进，表现出明显的倾向性。如果外界环境保持不变，心理定式能够帮助人们用已经掌握的方法高效解决问题；但是一旦情况发生改变，则心理定式就会表现出弊端。很多人因为受到心理定式的影响，即使情况发生改变，也无法从因循守旧的思维中跳脱出来，导致思维受到局限。从心理学的角度来说，每个人的身上都或多或少地表现出心理定式的影响力。在说服他人的过程中，如果我们能够巧妙地运用心理定式，就可以不知不觉地说服对方，让对方潜移默化地接受我们的观点。

如果交谈的氛围从刚开始就非常融洽，人们不到万不得已，不会轻易打破这份融洽。因而，要想成功说服他人，我们首先要营造良好的交谈氛围。其次，我们还应该保持耐心，引导对方做出肯定的回答。如果对方从一开始就否定，那么就会进入恶性循环，导致不管你说什么，他都毫无例外地否定。如果引导得当，让对方时时刻刻都肯定你，则对方就更容易潜移默化地接受你的影响，在不知不觉中说服自己做出改变。最后，我们还要表现出高姿态，以宽容友善的态度待人。这是因为当你表现出宽容，对方也就不会斤斤计较，更不会让你难堪得下不来台。这就像是一场戏，必须首先铺垫好基调，才能让后面的发展、高潮等，全都水到渠成。

张羽一直在追求娜娜，虽然娜娜对他并没有特别的好感，然而张羽就像吃了秤砣铁了心，居然告诉父母今生非娜娜不娶。这大概就是萝卜白菜，各有所爱吧。当然，虽然娜娜对待张羽的感情没有那么炽烈，不过她也不反感张羽。归根结底，每个女孩心底里都希望自己拥有无数的追求者，这样才能充分表现出自己的美好。因而，对于张羽的追求，娜娜从未表示出明显的拒绝。就这样，他们保持着这种朦胧的恋爱关系已经一年多了。

在春节之后的情人节到来之际，张羽决定要与娜娜明确恋爱关系。他提前预订了高档西餐厅的包厢，要与娜娜度过一个浪漫而又美好的情人节。在飘忽不定的音乐声中,在摇曳的烛光中,在琥珀色的红酒中,张羽问娜娜:"娜娜,你觉得我人怎么样,好不好?"在如此美妙的环境中,娜娜当然不想扫兴,而且此时此刻她的确觉得张羽很好,因而她面带微笑地点点头,说:"好,很好!"张羽又问:"作为女孩,你觉得如果有我这样的男朋友,是幸福还是不幸呢?"娜娜面带娇羞,说:"幸福。"张羽又问:"我哪些方面让人觉得好,觉得幸福呢?"娜娜认真地想了想,说:"你很体贴,也很温柔。你从来不乱发脾气,而且也能包容女孩的娇气、耍小性子。"张羽笑了,说:"说得具体点吧。""你总是记得我的生日,还会精心准备生日礼物。你还记得我的每一份需要,有一次我无意间说想吃烧卖,你就跑了很远的路去给我买。你还有好厨艺,能做出任何我想吃的东西。总之,你很好……"张羽抓住这个机会,问:"你觉得,我会成为一个好丈夫和一个好父亲吗?"这个话题显然有些远,娜娜虽然有些迟疑,最终还是坚定地点点头。这时,张羽趁热打铁地问:"既然如此,就请你当我的女朋友吧,我一定会让你成为这个世界上最幸福的女人。"事已至此,出于自己刚刚对张羽的那些认可和赞许,娜娜只好满面娇羞地点头答应。

  因为担心被娜娜拒绝,张羽的每一句问话都花费了很多心思。他显而易见地运用了心理定式的心理技巧来说服娜娜,细心的朋友们会发现,对于他所提出来的每一个问题,娜娜都只能肯定地回答，而无法否定。在张羽循序渐进的引导下，娜娜不知不觉地进入心理定式，潜意识里觉得对于张羽的每一个问题都应该肯定地回答。这个小小的计谋，让张羽得到了梦寐以求的女朋友。不过，娜娜当然也会得到幸福，因为从她的回答中不难看出，她心底里还是喜欢和认可张羽的。

　　朋友们，在说服他人的过程中，如果你始终都想得到肯定的回答，就不要随便地提问，以免给对方否定的机会。只有让对方不停地肯定你的提问，肯定你的一切，对方才能渐渐形成心理定式，最终肯定你的请求。说服是一项看似容易其实难度很大的事情，我们必须掌握更多的心理学知识，达到灵活运用心理学技巧的水平，才能更加轻松地、如愿以偿地说服他人。

## 第九章
## 适度原则,掌握分寸沟通才融洽

## 把握分寸，实话也要巧说

我们提倡说实话，但是并不提倡什么实话都往外说。有些实话是不能说的，说了就会得罪别人，因为并不是所有人都喜欢听实话，也并不是所有实话都能讨人欢心。

越是关系好的人，彼此间越容易忽略沟通方式的重要性，他们往往讲话很直接，有时甚至讲话非常难听。比如，有些人问候熟人时，经常说："哟！这么长时间没见，还活着呢？"其实，这样说话很容易导致两个人之间的关系出现裂痕。要知道即便是关系亲密的人，也应该呵护他人的颜面，而不能如此没有礼貌。

和朋友沟通时也应注意说话方式，而不是随心所欲，想到哪儿说到哪儿。千万要记住，朋友也有情绪，也有好恶，也要面子，所以朋友之间也应该适度客气。

郭女士、何女士和孟女士是关系非常要好的姐妹，平时经常带着自己家的孩子互相串门。

一天，郭女士的孩子得了传染病，何女士担心传染给自己的孩子，于是打电话对郭女士说："听说你家孩子得了传染病？这几天就别让他到我们家来了,我担心传染给我的孩子。等他病好了,再来我家玩吧!"

实际上,郭女士是一个很自觉的人,不用别人提醒也知道不能带着孩子到处串门。虽然她原本就没打算带着孩子去串门,可是听了何女士的话后,她很生气,直接就把电话给挂了。她向自己的老公抱怨说:"真是知人知面不知心哪,交往这么多年了,第一次知道她竟然是这样的人,以后我再也没有这个朋友了。"

老公安慰她说:"她的话倒是实话,的确不能带着孩子去串门,不然会传染给别人。"

郭女士说:"我又何尝不知道,但是作为好朋友,她说的那叫什么话呀!咱孩子身体不舒服,她就那样说,阻止我们去她家,这不是歧视咱孩子吗?"

孟女士也打电话给郭女士,对她说:"听说咱们的宝贝儿子病了?现在怎么样了?好些了吗?"

郭女士回答说:"没事,已经好多了。"

孟女士说:"那就好,不过这次小宝贝可要遭罪了,又要打针又要吃药的。你别太着急呀,有什么事就告诉我,我随时听候差遣。"

听到这些话,郭女士心情好多了,对孟女士说:"多谢你,没什么大不了的,就是不能出门,医生说要隔离治疗,否则容易传染给别人。"

孟女士说:"唉,这下我家的小宝贝该难受了,没人陪她玩了,今天还嚷嚷着要去你们家呢!不过也没事,等他病好了,咱们一起去游乐场痛痛快快地玩一天,好好地去去晦气!"

许多人都觉得只需要对陌生人、客人说话客套一些就行了,对那些关系亲密的人不用太客气。但事实并不是我们想象的那样,不管什么关系,要想维持下去,都要以尊重为基础。

俗话说:"人活一张脸,树活一张皮。"其实,好面子是一种非常正常的现象。每个人都好面子,都希望他人尊重自己,因此,不管在什么时候,也不管是什么关系,在向他人提建议时,要呵护他人的颜面,因为那是维护友好关系的润滑剂。

比如,当别人问你"有什么指教"时,最好不要直接发表自己的观点,而是要客气一下,对他说:"指教不敢当,就是一个小小的建议,可能说得不对,希望你不要介意。"如此一来,你的表达就会变得柔和、委婉。总之,与人沟通时,一定要注意呵护他人的颜面,把握好说话的分寸,这样效果才会更好。

## 莫在失意人面前说得意事

失意的人是最脆弱的，也是最敏感的。在失意的人面前谈论得意的事情，他很可能会把你的话语看成是对他的嘲笑，就算你是无心的，他也会因此耿耿于怀。

生活中许多人都喜欢在人面前炫耀自己的成绩，遇到人就说自己多有能耐，多有钱，丝毫不顾及他人的感受。即便听者刚遇到失意的事情，正处在人生的低谷，他们也肆无忌惮地谈自己得意的事情。原本，他们是想通过谈论自己的成绩获得大家的敬佩，从他人身上寻找到被肯定、被认可的存在价值。却不知，很少有人愿意听不关乎自己利益的事，尤其是"认证"别人活得更好这件事，更令人反感。

如果身边的朋友正处在失意的状态中，请停止你的炫耀，否则会让对方感到不愉快，慢慢地疏远你，甚至对你怀恨在心。比如，一个做生意刚失败的朋友找你诉苦，你却大谈自己多么成功，肯定会惹怒他。反倒不如谈一谈你当年做生意跌得多么惨，让他明白"失败是成功之母"，帮他重新建立自信，以图日后东山再起。

由于经营不善，梁斌的公司不久前破产了，追债的人每天都堵着他家的门。更不幸的是，妻子此时拿着离婚协议书逼梁斌签字，想离开这个支离破碎的家。梁斌可以说是内外交困，已经很难支撑下去了。

身边的朋友都知道梁斌的遭遇，因此遇到他时都刻意避免谈论和事业有关的事情。但是，喜欢喝酒的刘俊却没有忌讳这一点。酒桌上，几杯酒进肚里后，刘俊开始大谈自己曾经的风光岁月，说到得意处还手舞足蹈的。原来，当初刘俊做生意赚了很多钱，如今住着豪宅，开着豪车，所以忍不住在大家面前炫耀自己挣钱的本领。

梁斌早已听不下去，面色很难看，羞愧地低下头。刘俊却拍着梁斌的肩膀说："怎么样，兄弟？要不以后跟我混去？"梁斌没有接话，却说："我先去洗手间洗把脸。"然后借此机会离开了。

梁斌为什么离开，大家都心知肚明，只有刘俊一个人还不知道怎么回事。

事后，梁斌再没有和刘俊见面，总是有意无意地躲着他。在失意的人面前炫耀自己的风光，能不得罪人吗？刘俊就是因为不懂得这点，才把自己的朋友气跑了，最后失去了这个朋友。

不分场合、不分对象张扬自己，是低情商的表现。当你处于顺境和春风得意时，和人交流要充分考虑对方的性情，避免无意中伤害对方的自尊心。

诚然，事业有成，生活美满……这些都是值得庆贺的事情，但是不要得意忘形，更不要无视对方的心理，尤其在失意人面前张扬你的春风得意，无疑是在他们的伤口上"补刀"。如果因此而激起他人的怨恨，破坏了人际关系，是非常不值当的一件事。

# 一味道歉，只会让歉意变得廉价

生活中，每个人都会犯错误，因为人不是神，不可能真正做到面面俱到，十全十美。我们的习惯是，在做错事情的时候就道歉，有的时候哪怕不是我们错了，但是为了获得暂时的安宁，我们也会道歉。例如在与女朋友相处的过程中，很多男孩不管是否真的是自己的错，一旦看到女朋友生气或者耍小性子，马上就会表达歉意。日久天长，就会把女朋友惯得越来越骄纵，不管遇到什么事情，都随意任性，逼着你道歉。如此一来，势必影响彼此间的感情。还有些人在职场上充当老好人，不管工作的责任是否在自己，一遇到上司追责就会一味承担责任，表示歉意。如此一来，上司最终必然觉得他的道歉一文不值，没有任何含金量，甚至对他的工作能力产生怀疑。正确的做法是，在需要承担责任的时候，如果是原则性问题，我们一定要分清责任，在确定确实是自己的责任时，才可以道歉和承担责任；否则不由分说地就道歉，只会让人觉得你真的有问题。

在西方国家，尽管很多男士都是绅士，却很少轻易道歉。因为每个人都有承担责任的强烈意识，所以知道对不起并非随便可以说的。当你说了对不起，就意味着你已经承认自己是有责任的一方。因而，在不能确定自己有责任时，最先忙着做的不应该是说对不起，而是要界定责任。尤其是很多涉及经济赔偿的事情，一句"对不起"也许就会成为呈堂证供，因此千万不要出于礼貌而随口说出"对不起"。在法治社会，对不起的分量是非常重的。尽管日常生活中的诸多小事并不需要我们对质法庭，但是我们依然要学会控制自己脱口而出的冲动，不要随便说对不起。即便是与最亲密的人之间，我们也不能毫无原则地道歉，否则日久天长，我们的歉意就会变得轻飘飘的，没有任何分量。

在费尽千辛万苦追到现任女友默默之后，原本骄傲的那威就像是变了一个人。现在的他，一改往日高傲的形象，总是像一只温驯的小绵羊一样对待女朋友。他不仅对女朋友千依百顺，而且每当女朋友嘟起小嘴生气时，他都忙着道歉，根本不去深究女朋友生气的原因是什么。在爱情之中，那威迷失了自己。有一次，女朋友因为在地铁上与他人争抢座位而争吵，那威居然也帮着女朋友和他人一起吵架。不得不说，那威是完全失去了原则。

随着那威道歉次数的越来越多，女朋友也越发地刁蛮任性。

## 第九章 适度原则，掌握分寸沟通才融洽

她对待那威就像是对自己的一只宠物，根本不尊重那威，更别说为了那威做爱的付出啦。

终于有一天，那威与女朋友之间爆发了超级大战。事情的起因很简单，那威带着女朋友回家吃饭，妈妈精心准备了糖醋排骨，但是女朋友对着香甜的饭菜却大发雷霆，当着妈妈的面就使性子："那威，我要吃红烧排骨，我不要吃糖醋排骨。"

那威好言好语地哄她开心："乖啊，吃饭，就吃糖醋排骨。对不起，都怪我没有提前告诉妈妈你喜欢吃红烧排骨。等到下个周末咱们回家时，我让妈妈做红烧排骨，你还想吃什么，我都让妈妈做。"

不承想，女朋友却继续不依不饶地说："我不，我偏不！"

这时，妈妈正色说道："又不是小孩子，挑食偏食。糖醋排骨吃着不也很好吗，那威就爱吃糖醋排骨！"

女朋友突然生气地说："我不吃了。"说完，她就拿起小包摔门而出。

那威觉得当着妈妈的面很难堪，因而也跟出去追女朋友喊她回来吃饭，女朋友却毫不留情地说："你除了会道歉还会干什么？你妈欺负我的时候你干吗去了？"

那威赔着笑说："我妈那不也是心疼我嘛！你就委屈一下吧！"

女朋友却说："那你就回你妈面前当孝顺儿子吧，反正我也

133

早就厌恶了你这个只会说对不起的窝囊废。"

女朋友的这句话,让那威简直如同五雷轰顶,他呆呆地站在原地很久,女朋友早就跑得不见踪影了。直到此刻,那威才意识到自己在爱情里卑微到尘土里,却换不来真心诚意的爱情。从此以后,他再也不会轻易道歉了,即使女朋友回头请求他的原谅,他也像个爷们儿似的昂首挺胸,不为所动。他暗暗下决心:我要重新开始一段爱情,找回最真实的自己。

因为对千辛万苦才追到的女朋友的喜爱,原本个性极强的那威一改往日的高傲模样,放低姿态,处处都以女朋友的需求和喜好为主,而且每当女朋友生气或者耍小性子时,他都无理由地道歉。原本,他以为这样就能得到女朋友的真爱,却不承想被女朋友称做只会说对不起的窝囊废。至此,那威才意识到泛滥的东西总是不被珍惜,对不起也是如此。因此,痛定思痛的他决定改变自己,重新找回自己,再次开始新的爱情。

任何时候,对任何人,我们都不能轻易地说对不起,虽然讲礼貌、宽容都是绅士的表现,但是在需要的情况下我们必须明确界定责任,才能勇敢地承担责任。而且,即便是对亲密的人,我们也不能一味退让,否则道歉就变成毫无意义的付出,甚至招人反感与厌烦。

## 适当的强势，让对方更信服

中国自古以来就是礼仪之邦，向来主张儒家传统，因而很多人都是谦谦君子，包括很多男性，都喜欢表现出温文尔雅的一面。在西方国家，绅士也向来备受推崇，而绅士同样是以谦恭作为优秀的品质。由此可见，不管是西方国家还是东方国家，都主张礼仪忍让。但是很多人对于君子或者是绅士，都有一定的误解，甚至将其认为是一味忍让，从而陷入误区。实际上，不管是君子还是绅士，都不是要一味谦虚忍让，而是在必要的时候，也应适当使用强势语言，从而震慑对方。

很多细心的朋友会发现，在生活中，以及在很多正式的谈判场合，那些一味退让，过于讲究谦虚礼让的人，说起话来唯唯诺诺，也很难成功说服他人。实际上，恰当地使用强势语言，非但不是没有礼貌的表现，而是自己坚强意志和坚定信念的表现，还能够表明自己的决心，因而能够成功震慑对方。

尤其是在很多推销工作中，有些推销员盲目相信顾客就是上帝，因而对于顾客总是一味顺从，而丝毫没有起到引导顾客的作用。这样一来，推销员就无法成功地给予顾客引导和建议，也导致顾客对于推销员失去信任。这样的推销员往往在推销工作上表现平平，与顾客的关系也非常一般。

作为一家公司的推销员，贺函与各个客户的关系都非常好，因而销售业绩始终节节攀升，在公司里和客户面前也树立了良好的口碑。有段时间，贺函在催收货款的问题上遭遇了障碍。他虽然成功把货物推销出去了，但是却没有顺利收回货款，这让贺函感到很苦恼。

他一直抱着把客户视为上帝，真诚为客户服务的心态，为客户服务，但是偏偏在向客户收款的时候，他的这种毕恭毕敬的态度，却没有赢得客户的认可。为此，他几次三番去客户公司催收货款，都无果而终。为此，贺函请教了很多经验丰富的销售员，意识到自己的态度过于谦恭，而没有表现出势在必得的决心。所以再次去客户公司催收货款时，他决定改变态度。见到客户之后，贺函依然对客户很有礼貌，但是客户不知道的是，贺函这次准备先礼后兵："张总，您看，您虽然是我们的新客户，但是您也是朋友介绍才选择我们公司的。对于我们公司的产品质量、服务口碑等，你一定有了了解，我也非常感谢您对我以及我们公司的信任。作为生意人，我想您一定理解我们公司也需要资金周转，而且因为你们这笔货款金额巨大，所以公司的资金周转已经受到了影响。我想，合作都是共赢的，假如因为一笔已经到期很久且应

## 第九章 适度原则，掌握分寸沟通才融洽

该支付的货款，导致彼此之间不愉快，甚至是终止合作，当然对于我们公司是巨大的损失，但是对于贵公司而言，也难免要面临舍近求远和增加成本的现实问题。所以我想请求您慎重考虑，能够今天给我们支付货款，这样未来我们之间的合作也会更加顺畅愉快！"

显而易见，客户没有想到长期以来对他毕恭毕敬的贺函会说出这番话，也意识到贺函肯定是有了打算，甚至是得到了公司上层的指示，所以才能这样说话有底气，丝毫不畏惧，而且表现出势在必得的决心。为此，客户只好承诺贺函："实在不好意思，这段时间因为资金紧张，没有及时给你们打款。你放心，我马上给财务室签单子，保证在一周之内结清你们的货款。"就这样，贺函圆满解决了收款的难题，这都是因为他的那番话说得不卑不亢，让客户无法反驳。

实际上，客户的确是销售人员的上帝，但是这仅限于服务。假如客户需要销售人员的引导，或者没有兑现对销售人员的承诺，那么销售人员一味谦让，只会失去对客户的引导，导致只能被客户牵着鼻子走。不得不说，很多时候客户是需要销售人员引导的，因而适时的强势对于销售人员成功推销非常重要。

在人际交往中，我们同样需要以强势的语言表达我们的决心、信念和坚韧不拔的毅力。但是需要注意的是，表现强势也有很多注意事项，要做好方方面面的细节，否则就会导致事与愿违。比

如在表现强势的时候，我们一定要内心充实，从而语言上也显得干脆果决，当机立断，绝不允许他人质疑。很多管理者在语言表达时因为缺乏强势的风格，因而导致说起话来疲软无力，甚至被下属钻了空子，对管理者不以为意。除此之外，还要组织好语言，避免拖泥带水，也避免啰里啰唆，而是要言简意赅，让每一个字都掷地有声。最后，细心的朋友会发现，大多数领导者说话时都会最后才表态，这样显得更加稳重，也代表自己说过的话是经过深思熟虑的。因而我们在表现自身的强势和坚定不移时，也要等到最后再表态，从而获得更好的效果。此外，我们也要注意适度，因为强势并非不懂得礼貌，更不是目中无人。我们虽然要强势，也要尊重他人，从而才能获得他人的尊重和认可。

总而言之，人际交往的情况千变万化，我们与他人的交流和沟通更是瞬息万变。没有任何方式和原则是适用于所有情况的，因此我们在交谈或者谈判中，必须审时度势，顺势而为，从而及时调整自己的交谈策略，让交谈起到最好的效果。

# 第十章
## 归谬式推理，"退"是为了更好地前进

# 批评对方之前先自我批评

没有人愿意被他人批评，大多数人都喜欢听到他人对自己的赞美，而不愿意被否定。但是，人非圣贤，孰能无过。人从呱呱坠地开始，实际上就已经开始了不断犯错的过程，但也正是在不断犯错和改正错误的过程中成长起来的。那么，当我们面对犯错的孩子、家人或者朋友、同事时，难道就因为对方不想接受批评，所以始终保持沉默，任由对方在错误的道路上越走越远吗？

当然不是，人之所以在错误上成长，并非因为错误本身能够使人成长，而是因为人们犯错之后得到批评和指正，所以才能及时改正错误，让自己在人生的道路上更进一步。从这个角度而言，人就是在不断改正错误的过程中进步和成长的。那么，有没有什么方法能够使他人乐于接受我们的批评，而且对我们的批评心服口服呢？除了采取恰到好处的方式批评他人之外，我们也可以摆正态度。

细心的人会发现，当我们义正词严地批评他人时，他人一定会对我们心生不满，甚至对我们心怀怨恨，导致我们的批评效果

## 第十章 归谬式推理,"退"是为了更好地前进

也不好。假如我们能够采取迂回曲折的方式,在批评他人之前先进行自我批评,那么哪怕我们非常严厉地批评他人,他人也无法否定我们,更不能因为我们的批评,就对我们有意见。毕竟我们是先批评了自己,以身作则,勇敢地承担责任和反思之后,才客观公正地指出他人的错误。这样一来,他人自然无法和我们闹意见,更不可能对于我们的批评过于抵触。要知道,批评的目的并非发泄情绪,也不是让被批评者丢掉面子,而是希望被批评者能够积极反思自己,取长补短,扬长避短,对我们的批评有则改之,无则加勉。只有被批评者取得进步,我们的批评才算有效果。

作为一个 10 岁孩子的妈妈,张梅一直对儿子的教育问题感到头疼。儿子小时候还好,对于妈妈的教诲能够记在心里,而且能积极改正。但是随着儿子越长越大,也有了自己的小心思,自主和独立意识越来越强,所以对于妈妈的批评总是不以为然,有的时候还很不服气呢!

有一天,张梅因为头一天加班工作太累了,第二天居然起晚了,没有及时叫醒儿子起床。再加上起床之后,儿子一直磨磨蹭蹭,导致最终上学迟到。儿子被老师狠狠批评了一顿,还和其他一个迟到的同学,被罚站了。晚上回到家里,张梅没有像以往一样直接批评儿子动作太慢,而是先进行自我批评,主动向儿子承认错误:"儿子,今天大部分责任都在妈妈身上,是因为妈妈起晚了,所以没有及时喊醒你。"儿子听到妈妈居然在向自己道歉,觉得

非常诧异。在得到儿子原谅后,张梅又说:"不过,我觉得如果你的动作能够更加快速一些,那么很有可能不迟到。你看到过部队里的人都是如何做事情的吗?很多新兵入营,都会被半夜集训,他们被要求在几分钟的时间内穿好衣服,打好背包。这听起来很难实现,但是只要努力去做,还是有可能做到的。当然,你还小,也不是新兵,妈妈不会这么要求你,妈妈只是希望你能稍微快一些。毕竟早晨的时间很紧张,如果你想多睡一会儿,那么起床之后你就要加快速度,节省时间,你觉得呢?"以往每次被妈妈批评,儿子都会非常抗拒,但是这一次,儿子显得非常体贴,居然主动向妈妈承认错误:"妈妈,的确是因为我动作太磨叽了。你放心吧,我以后会努力更快一些的。"看着突然间变得懂事的儿子,张梅觉得欣慰极了。

其实,儿子并非突然变得懂事了,而只是因为张梅的自我批评,给儿子做出了好榜样,使得儿子也能够主动反思自己,从而更加深刻地意识到自己的缺点和不足,也能够心甘情愿地积极改变。任何情况下,我们都要设身处地地为他人着想,千万不要不分青红皂白就呵斥他人,否则他人会因为受到误解而心灵受伤,或者会因为记恨我们反而变本加厉。

自我批评,首先表现了我们对于某件事情的态度,当我们展示了自己的态度,他人才会对我们的批评显得更加宽容和理解,也不会再因为我们对他们的批评而产生逆反心理,甚至导致事与愿违的结果。因而真正明智的人，在批评他人之前，都会进行适当的自我批评，以此增强批评他人的效果，使得他人乐于接受我们的批评，更能够积极主动地改变自己。

## 懂得示弱，抬高对方也是策略

在成为美国总统以前，林肯曾经是一名律师。有一天，林肯正在专心致志地办公，突然传来敲门声。随着林肯的应声，一个双眼通红的老夫人推开门走了进来。一看到林肯，老夫人就开始掉眼泪。林肯不知所措，赶紧安慰老夫人说："您有什么需要帮助的？不要哭，慢慢说，我一定会帮您的。"老夫人听到林肯的承诺，止住哭声，开始倾诉："我的丈夫在独立战争中牺牲了，因此，我这么多年来一直靠政府发放的抚恤金生活。然而，发放抚恤金的工作人员特别贪婪，前几天居然勒索我，让我拿出至少一半的抚恤金来交手续费。我从未听说过手续费，要是没有抚恤金，我就无法活下去。我该怎么办呢？"说到这里，老夫人又开始伤心地哭起来。林肯气愤地说："我会为您伸张正义的。您放心吧，那个工作人员的诡计不会得逞。""但是……但是……"老夫人迟疑地说，"我没有钱支付律师费，我的抚恤金只够我勉强维持生活。"林肯毫不迟疑地说:"放心吧,我不收您任何钱,我义务帮助您。"

由于那个发放抚恤金的工作人员是口头勒索,因此林肯的取证工作进行得非常艰难。在法庭上,林肯因为证据不足,不得不打起感情牌,当着法官和陪审团的面,回顾了美国艰难的独立战争。最终,林肯呼吁:"为祖国的独立抛头颅洒热血的英雄值得钦佩。在如今的和平年代,我们不能让他们的遗孀失去活路。眼看着这个孤独无依的老人,难道你们忍心让她再失去赖以生存的抚恤金吗?难道你们忍心让英雄在地下灵魂不安吗?"听完林肯的申诉,包括法官在内的所有人都情不自禁地落泪。最终,林肯成功地维护了老夫人的合法权益,赢得了这场官司。

不管是老夫人得到林肯的帮助,还是林肯最终凭借感情打动法官和陪审团的心,他们都有一个共同点,即懂得示弱,以弱势群体的姿态出现,最终成功地赢得人们的同情和照顾。老夫人是用自己的悲惨命运和一生的孤苦来打动林肯,让林肯主动义务为她打官司;林肯是用老夫人的悲惨遭遇和凄苦的一生来打动法官,最终赢得这场官司,捍卫了老夫人的合法权益。从这个事例中,我们不难看出,在一般情况下,如果我们想要得到他人的帮助,需要适当地表现出自身的弱势。和很多人在请人帮忙时还义正词严相比,弱势显然是更好的姿态。

能够学会示弱,是深谙处世艺术的人。人,天生具有同情心,而且天生同情弱者。因而，你太过强势，往往就会成为众矢之的；相反，当你表现弱势时，你反而能够得到他人的主动相助，从而使自己的生存处境变得更好。如果你在表现弱势的同时，还能适当地恭维和抬高对方，则效果会更加显著。总而言之，同情弱者是人们的天性，人与人的相处只要打好感情牌，很多沟通的难题就会迎刃而解。

## 以柔克刚更能打动人心

生活中有很多强势的人，他们不管说话还是做事，总是要按照自己的心意，最大限度地占尽优势，才能罢休。然而，这种人从表面看来不管怎样都要占便宜，实际上他们却吃了大亏，因为他们的强势决定了他们的人缘很差，也没有多少朋友。大家都知道，现代社会多条朋友多条路，很多情况人脉资源比一切都更重要。因而，如果缺乏朋友，就会导致我们寸步难行。既然如此，我们为何要与人针尖对麦芒呢？其实，口头上占便宜，对我们的生活和工作不会有任何有利的影响。如果同样一句话用委婉曲折的方式表达出来效果更好，我们就不应该为了逞一时的口舌之快，而故意与他人争执不休。

很多人都知道以柔克刚，也知道要用温柔来战胜刚强，却不知道说话时也应该如此，这样才能不动干戈就得偿所愿。从心理学的角度来说，人们更倾向于同情弱者，因而也会更多地照顾弱者；相反，人们虽然膜拜强者，却也会有以硬碰硬的心态。不管从哪个角度来说，以柔克刚都算得上是一种攻心术，能够帮助我们以柔弱的形象示人，去得到最好的结果。要知道，每个人的心中都有最柔软的地方，所谓百炼钢也成绕指柔，就是要打动他人心中最柔软的所在。

在美国的金融危机期间，找工作很难。琳达在大学毕业半年之后，才终于找到一份在珠宝店销售珠宝的工作。因为按照规定必须经过三个月试用期才能转正，所以琳达每天都战战兢兢地工作，总怕自己不够勤勉。

快到新年的时候，珠宝店的生意比平时忙碌得多。因而，琳达每天主动提早到店里，赶在大家都上班之前打扫卫生。有一天早晨，因为地上都是积雪，琳达比平日更早地离开家，一路磕磕绊绊，摔了好几跤才到店里。她依然是最早的，因而赶紧拿起工具打扫卫生。等到她忙完这一切，同事们因为道路泥泞，还没赶到。琳达百无聊赖，开始拿出柜台里的戒指整理和擦拭。这时，一个中年男子推开门走了进来。他看起来很糟糕，面色浮肿，穿着破破烂烂的衣服，身上满是肮脏的气息。最可怕的是，他满脸都是愤怒，仿佛整个世界都欠着他什么没还一样。琳达心中升起

## 第十章 归谬式推理，"退"是为了更好地前进

一股不好的预感，然而她既不能喊叫，也不能拒绝。当男子瓮声瓮气地让琳达拿戒指给他看时，琳达乖乖地就拿了，而且面带笑容，就像对待一天之中的任何客户那样。男子贪婪地看着琳达拿出来的一盒戒指，一共有8枚。就在这时，电话铃突然响起，琳达着急接电话，居然不小心打翻了戒指盒，8枚戒指都滚落到地上。琳达心慌意乱地蹲在地上捡戒指，然而，数来数去，她只找到了7枚戒指。这时，心急如焚的琳达突然看到那名男子正在朝门口走去，因而她情急之中温柔地喊道："先生，抱歉！"男子转身看着琳达，眼睛里是歇斯底里的光。琳达很害怕，但是依然温柔地说："先生，你知道，我找了半年才找到这份工作。现在找工作很难，你知道的，对不对？"琳达的眼睛里满是恳求，"我的妈妈一个人辛苦地抚养我长大，我……"男子脸上的表情缓和了，眼睛里居然流露出一丝笑意，他说："是的，金融危机太糟糕了，几乎一半的人在失业。不过，我相信你在工作上一定表现良好！"说着，男子伸出手，琳达也马上伸出双手，与男子的手紧紧地握在一起。等到男子告辞之后，琳达握着手心里的第8枚戒指，回到柜台，物归原处。

　　如果琳达激动之余指责男子，或者与男子扭打起来，则事情的结局不可预料。对于这样一个柔弱的女孩子，而且孤身一人在店里，琳达只有以柔克刚，请求男子不要带着第8枚戒指离开，而且她还采取了非常隐晦的方式，只是诉说了自己的苦楚。最终，

147

琳达的柔弱感动了男子，让他选择成全琳达的工作。这件事情最终的结果不可谓不完满，这一切都归功于琳达机智的处理方式。其实，琳达并没有证实男子的确拿了戒指，而男子也可以矢口否认，但是这样一来琳达费尽千辛万苦找到的工作必然保不住，甚至还会承担赔偿的责任。琳达以弱势的形象向男子求情，才能最终让问题得以完满解决。

  人，常常都是吃软不吃硬的。尤其是对于性格强势的人而言，他们根本不怕硬碰硬，而就害怕他人表现出孤苦无依的样子，这样他们一定会心软。很多人从表面看起来非常强硬，其实内心柔软善良，在与这样的人打交道时，我们一定要避免用针尖对麦芒的方式，而应该采取委婉曲折的说话方式与他们交流。

| 第十章 归谬式推理，"退"是为了更好地前进 |

## 利用同情心理，轻松达到说服目的

不管道德品质优劣，人们都有同情心理，因为人的同情心是与生俱来的。基于此，我们可以利用口才的艺术，适当让步，用充满感情色彩的语言唤醒他人的感受，让对方进入我们设置的情境中。

我们经常能在车站看到一些长相秀气、衣衫褴褛的小孩子，手里拿着报纸，不辞辛劳地向别人兜售。这些孩子很聪明，知道如何说话更能打动人，也知道哪些人不会拒绝他，他们经常选择那些年老的长辈说："爷爷、奶奶，请你们买份报纸吧，我是个孤儿，没饭吃。"或者选择那些年轻的女孩说："姐姐，我需要赚钱买点吃的，你能买份我的报纸吗？"他们的声音很轻柔，听着让人心疼，任谁都不忍心拒绝。

亚当·斯密曾说："最大的恶棍，极其严重地触犯社会法律的人，也不会全然丧失同情心。"研究发现，我们每个人从儿童时期就已经有同情心了。只要你方法得当，就能激起别人内心的善意和同情。

如果先唤起他人的同情心，再去请别人帮忙，就可以大大减少被拒绝的概率。既然如此，我们大可以运用语言技巧，激起对方的恻隐之心，从而实现沟通的目的。正因为人人都有同情弱者的天性，如果我们在言语间透露出自己的弱势，就可以卸下对方的防备，拉近双方的感情和心理距离。能让对方更喜欢你，对你的要求也会更倾向于满足。

曾经有一个山区的小女孩，被人拐卖到一个大城市里。那天晚上，小女孩被锁进一个小屋子里，刺骨的寒风冻得她瑟瑟发抖，她蜷曲在一个角落，心中很害怕。

就在这时，房门突然打开了，一个中年男子走进来。小女孩很聪明，她压制住内心的恐惧，柔声细语地喊了一声："叔叔！"中年男子听到小女孩喊自己"叔叔"，立即愣在原地，不知所措地盯着小女孩看。

小女孩接着说："叔叔，我一看就知道您是好人。您和我爸爸的年纪差不多，不过我爸爸是个农民工，比您工作要辛苦，前几年从20多层楼的房子上摔下来，因为失血过多当场就死了。这几年就剩下我和妈妈两个人相依为命，看到您我就想到我爸爸了。"说着，小女孩小声哭起来，眼泪哗哗地往下流。

中年男子静静地听着小女孩的哭诉，很长时间都没有说话，最后低着头说："你快跑吧，小姑娘！"说着打开了房门，放小女孩走了。

小女孩十分聪明，遇到坏人时懂得故意示弱，知道如何拉近双方的情感，更懂得讲述自己可怜的身世，来激发对方的同情心。小女孩拿中年男子和自己的爸爸比，还说那中年男子是一个好人，更加强化了他的同情心，最终逃脱了一场劫难。

如果在沟通中强硬地施加影响给别人时，他们往往会抵触。但当你让他们觉得你毫无杀伤力，甚至值得帮助时，他们往往更愿意满足你的要求，也会对你做出更大的让步。

从心理学的角度出发，人们普遍对比自己强大或势均力敌的对手怀有警惕心，而对比自己弱小的对手放松警惕。因此，在沟通的过程中，善用对方的同情心理，故意示弱，使对手松懈，是回避矛盾达到说服目的的一种巧妙方法。我们知道，强硬的态度往往不能达到目的，以柔胜刚或许更有效果。

## 把眼泪变成强大的武器

自古以来，人们就总说男儿有泪不轻弹，似乎哭永远是女性的专利，而男性必须打落牙齿往肚子里咽，决然不能表现出任何软弱的迹象。然而，现代社会人们的思想观念非常开放，男儿为什么就不能哭呢？有很多时候，适当的示弱，还可以把眼泪变成你最强大的武器，助你一臂之力呢！

每个人都会流泪，甚至有的时候，动物也会流泪。我们无从知道动物流泪时的心态，但是人流泪时的心情却多种多样。例如，人们伤心时会流泪，高兴时也会流泪；发愁时会流泪，如释重负时也会流泪。看看奥运会的那些冠军站在领奖台上时，至少有超过一半的人都会流下喜悦的泪水。再看看那些因为遭遇伤心事而无力承担的人吧，他们之中有些人号啕大哭，有些人则默默无言地流泪。生活中，很多人都不知道如何面对和安慰一个流泪的人，尤其是很多男性，一看到女性突然流泪，就会万分紧张，手足无措。通常情况下，面对流泪的人，人们会马上站到他这边并与其结成统一战线。例如，几个月的婴儿一哭起来，父母就会赶紧过去抱他。如此几番之后，小小的婴儿就知道哭能让父母妥协，给予他温暖的怀抱，因而他也就常常哭泣。既然小小的婴儿都知道运用流泪要挟父母，更何况是成人呢？

实际上，从心理学的角度而言，流泪也是一种心理战术，因而我们不但要会运用这种心理战术，也要在他人对我们运用此战术时，做到坦然以对。

作为不可一世的拿破仑的妻子，约瑟芬曾经是子爵的夫人。她水性杨花，品行低劣，总是与丈夫以外的男人勾三搭四。当拿破仑在战场上与敌人浴血奋战时，留在家里的约瑟芬却认定拿破仑不可能回来，因而无所顾忌地与其他男人偷情。然而，骁勇善

| 第十章　归谬式推理，"退"是为了更好地前进 |

战的拿破仑回来了！得到消息的约瑟芬吓得瑟瑟发抖，赶紧远道迎接拿破仑的归来，然而，拿破仑避开了她，早就回家了。其实，拿破仑虽然人在战场，却消息灵通，他早就听说了约瑟芬让人不齿的行为。因而，他决定与约瑟芬离婚。

约瑟芬迎接拿破仑未果，赶紧赶回巴黎。拿破仑让仆人将其拒之门外，约瑟芬却想方设法回到家里。然而，她不知道如何面对拿破仑。思来想去，约瑟芬决定以眼泪为武器，打动拿破仑的心。整整一天，她都守候在拿破仑紧锁的门前苦苦哀求，伤心地哭泣。她真心诚意地悔改，承认错误，而且边哭边向拿破仑表明心意：如果你不原谅我，我只能选择以死谢罪。然而，即使约瑟芬从清晨哭到日暮，拿破仑依然不为所动。突然，约瑟芬脑中灵光一闪，想到了拿破仑最爱的孩子们。当即，她叫天真可爱的孩子也跪在门前，帮助母亲乞求父亲的原谅。最终，拿破仑被约瑟芬和孩子们的泪水感动，想到了他与约瑟芬曾经的爱情，想到了孩子们失去母亲的痛苦，因而也含着眼泪打开房门，原谅了约瑟芬。

如果没有超强的哭功，约瑟芬一定无法获得拿破仑的原谅，更无法帮助孩子们维持一个完整的家，也就无缘法国王后的至高地位。不可否认，约瑟芬还是很有毅力也很有头脑的女人，居然能够从清晨哭到日暮，最后还把孩子们也找来一起哭。约瑟芬很聪明，她早就知道眼泪是超强的武器，最终，她用眼泪感动了驰骋沙场的拿破仑。

其实，不仅女人可以以眼泪作为武器使用，自古以来有泪不轻弹的男人如果能够恰到好处地运用眼泪这个武器，也能起到出人意料的效果。早在古代，刘备三顾茅庐请诸葛亮出山，在遭到诸葛亮推辞时，就运用了眼泪作为武器，直哭得"泪沾袍袖，衣襟尽湿"，最终得到了天下奇才诸葛亮的辅佐，从而成就大业。总而言之，不管是男人还是女人，适当示弱，都能够让人心生同情。很多事情，都可以曲径通幽，在一种方法不起作用的情况下，不如调整策略，以眼泪为攻势，让他人出其不意，反而能如愿以偿。

## 第十一章
## 利用同理心,共鸣是互相理解的前提

## 利用同理心，马上与对方成为朋友

所谓同理心，实际上是心理学范畴的概念，指的是一个人能够设身处地地为他人着想，而且能够对他人的一些感受感同身受，从而更深刻地了解他人、理解他人和包容他人。在社交活动中，很多朋友都为与陌生人初次见面，或者是与不相熟的人交往感到非常为难。因为他们不知道如何拉近与陌生人的距离，也不知道自己要怎么做，才能与普通的朋友之间更加亲近。

有人说，世界上万事万物皆有磁场，那么我们不难想象，那些相互吸引的人之间，一定是有了强烈的磁场吸引，所以才能志趣相投。的确，心理上也是有磁场的，只要我们制造出与对方惺惺相惜的心理磁场，对方就会情不自禁地亲近我们，也会因为与我们之间有着共同语言，因而更加认同我们。这样的结果，当然是我们想要的，也是很多人在人际关系之中苦苦追求的。

一名退伍军人拎着行囊，离开了几年来生活的部队，踏上了归家的长途汽车。漫长的旅途百无聊赖，因而退伍军人恹恹欲睡，只盼着马上就能到家。想起在部队里和战友们有说有笑，他更是

# 第十一章 利用同理心，共鸣是互相理解的前提

觉得想念部队的生活。

一路上，退伍军人都闭着眼睛假寐。突然，正在行驶的汽车熄火了，退伍军人不由得睁开眼睛，环顾四周。乘客们都很着急，原本都要晚上才能到达目的地，这样一耽误，岂不是半夜才能到家了？司机下车去修车了，车上的乘客们你一言我一语地说了起来，无外乎抱怨车子早不坏，晚不坏，偏偏这个时候坏了。退伍军人也下车去帮司机的忙，给司机递递工具，出出主意。在退伍军人的帮助下，汽车很快修好了。司机问退伍军人："你是什么时候学会修车的？"退伍军人笑着说："在部队里，要求我们会修车。"司机很惊讶，似乎见到亲人一般瞪大眼睛看着退伍军人："你当过兵？"退伍军人笑了，说："现在就是复员回家的呀！""我也当过兵啊，你是哪个部队的？"司机的话让退伍军人也如同找到部队一般兴奋，就这样，他们你一言我一语，相谈甚欢，相见恨晚。

退伍军人和司机，因为修车关系变得亲近起来，又因为他们都曾经是军人，所以马上找到了共同话题，发现了共同语言。就这样，原本枯燥乏味的旅途，在他们热切的攀谈中不知不觉就过去了。可想而知，他们后来一定会成为好朋友，因为他们正如英雄一样惺惺相惜，也非常认可和敬重彼此。

在现实生活中，我们要想与他人一见如故，就要引发彼此间的心理认同感。那么如何做，才能让我们与他人相互认同，惺惺

相惜呢？其实，并非只有共同的经历，如事例中的退伍军人和司机都是军人，才能引发心理认同感。很多时候，我们只要找到与他人的共同话题，就能与他人马上变得熟稔起来。其次，要想拉近我们与他人之间的距离，我们还应该掌握一定的语言表达技巧，诸如说话的时候多用"我们"，不要盲目排斥他人，再如也可以赞美他人，从而使他人对我们心生好感。如果面对的是陌生人，那么我们还要做到主动搭讪，表现出对陌生人的好感，从而快速营造稳固的心理磁场，使得彼此之间始终相互吸引。总而言之，人际关系之树要想常青，就需要我们用心地付出和投入。很多时候，我们给别人留下好印象不容易，但是要摧毁我们在他人心目中的形象却很容易，所以我们必须非常爱惜自己的好人缘，经营好人际关系，让自己处处受到欢迎。

## 相同的爱好，瞬间拉近彼此的距离

世界上最遥远的距离是什么呢？不是我们分别在地球的两端，而是我们就这样面对面站在一起，心却隔着十万八千里。这种心理上的距离和物理距离不同，物理距离可以随着移动而减小或者增加，但是要想缩短心理距离，却远远不止移动自己那么简

## 第十一章 利用同理心，共鸣是互相理解的前提

单。因而在与他人交往时，我们要想拉近自己与他人之间的关系，只是坐到他人身边还远远不够，而是要找到各种各样、恰到好处的方法，走到他人的心里去。当然，有些方法是显得很突兀的，尤其是在对待陌生人的时候更不适宜使用。那么，要想拉近我们与他人之间的距离，到底哪些方法更适用呢？以相同的兴趣入手，就是个很好的选择，而且显得顺其自然，不会显得过于生硬和目的明显。

很多细心的人会发现，年幼的孩子们哪怕初次见面，也能马上玩到一起，甚至就像相识已久的老朋友，根本不愿意分开。这是为什么呢？其实没有什么玄妙之处，那些小朋友之所以关系亲密，就是因为他们有着共同的兴趣爱好。如一个小朋友正在玩遥控汽车，其他小朋友看到了，马上就会走到这个小朋友身边，看这个小朋友玩；或者在得到这个小朋友的许可之后，和这个小朋友一起玩。这样一来，汽车就会成为他们之间的沟通媒介，让他们在很短的时间内就因为共同喜欢的玩具，变得熟悉和亲密起来。

成人的世界里，虽然各种规则比孩子的世界更加复杂，但是人性却是共通的。不管什么时候，我们就算已经长得很大了，完全忘记了自己孩童时代的模样，但是我们依然有自己的兴趣爱好，而且还有可能幸运地遇到与我们志同道合的朋友。在这种情况下，我们怎能不与对方一见如故，相见恨晚呢？当然，要想找到兴趣

相同的朋友，而我们的兴趣二字又从来不会写在脸上，那么我们就要经常展示自己的兴趣，表现出自己的兴趣所在，这样他人才能有更多的机会了解我们，甚至来主动结交我们。

常言道，物以类聚，人以群分。我们如果个性鲜明，又希望找到与自己志趣相投的人，那么我们就要主动展示自己，让那些很像我们的人，循着我们表现出来的蛛丝马迹，从而成功地找到我们。当然，表现兴趣并非那么生硬完成的，而是要讲究一定的技巧。诸如我们可以积极参加各种主题活动，如喜欢爬山的人可以加入驴友的队伍中，那么就会结识更多有共同兴趣爱好的朋友。此外，如果我们已经意识到某人可能是我们志同道合的朋友，但是又不好意思直接突兀地问，那么我们就可以以请教的方式接近对方。当我们用对方很擅长的问题去请教对方，相信对方一定会惊喜地看着我们。当然，有的时候欲速则不达，当各种表现兴趣爱好的方式都无法达到好的效果时，我们不如反其道而行之，把自己装扮成一个门外汉，故意以新手的姿态出现，最终给他人以惊喜，也得以给予我们自己更大的回旋空间。

人与人相处时，除了讨论时事之外，最喜欢谈论的就是各自的兴趣爱好。甚至有很多看似内向、平日里沉默寡言的人，一旦说起自己感兴趣的话题，也马上会变身话痨，甚至侃侃而谈，无休无止。由此可见，与人交往，兴趣是一个很好的切入口。

汽车销售人员小马在一次大型汽车展示会上结识了一位潜在

## 第十一章 利用同理心，共鸣是互相理解的前提

客户。通过对这位潜在客户言谈举止方面的细致观察，小马分析这位客户对越野型汽车会十分感兴趣，而且其品位极高。尽管小马早就将本公司的产品手册交到了这位客户手中，但这位潜在客户却一直没给小马任何回复。小马曾经以试驾为理由打电话联系这位客户，却被这位客户以自己工作很忙，周末则要和朋友一起到郊外的射击场练习射击为借口委婉拒绝了。

后来经过多方了解，小马得知这是位喜爱射击运动的客户。于是，小马在网上查找了大量有关射击的资料，一段时间之后，小马不仅对周边地区著名的射击场了解得十分详细，而且还掌握了一些射击的基本技巧。一次打电话联系时，小马对销售汽车的事情只字不提，而是告诉这位客户自己在无意中发现了一家射击场，那里设施齐全，环境优美，是射击运动的理想的选择。下一个周末，小马在那家射击场很顺利地见到了这位客户。小马对射击知识的了解让那位客户对其赞赏不已，还感叹自己终于找到了知音。在返回市里的途中，客户主动表明自己酷爱驾驶装饰豪华的越野型汽车。小马告诉这位客户："我们公司最近正好新上市了一款新型的豪华型越野汽车，这是目前市场上最有个性和最能体现个人品位的汽车。"一场有着良好开端的销售沟通就这样形成了，最后，小马顺利地拿到了这份汽车订单。

小马销售的成功，在于他积极寻找并找到了与客户的兴趣点——射击，并努力培养自己的射击知识，形成与客户共同的兴趣爱好，才能顺利取得客户的信任和好感。当然，销售人员本人

对此要有兴趣，还要有研究，否则，即使发现了共同点，你对此却一知半解，没说两句就卡壳了，那么不但对你们的谈话无济于事，反而会让客户觉得你不懂装懂，不值得信赖。

对于陌生的人，或者是彼此不够熟悉的人之间，往往会因为隔阂产生距离。在这种情况下，要想拉近彼此间的距离，就应该相互了解，最好能够发掘到共同的兴趣爱好，甚至发展出相似的理想和志向。唯有如此，人们彼此之间才能变得亲近，也才能更加和谐友爱地相处。曾经有心理学家经过研究证实，人们的确愿意亲近那些与其有着共同兴趣爱好、志同道合的人。因此，当我们想要接近一个人时，不如找到自己身上与其相似的兴趣爱好，这样就能起到事半功倍的效果。

# 换位思考,把话说到对方心里去

很多人说话让人觉得乏味,归根结底,是因为他们一味以自我为中心,根本不考虑他人的感受。或者在遇到分歧时,他们更是据理力争,只会站在自己的角度考虑问题,与他人争得面红耳赤,最终争赢了他人,却失去了友谊,渐渐失去了好人缘。面对这种情况,要想改变,最重要的方法就是学会换位思考,从而才能成功地把话说到他人心里去。

所谓换位思考,就是把自己放在他人的立场上考虑问题,从而避免过于主观地强迫他人接受我们的意见和态度,更容易体察他人的想法和主张。通俗地说,就是把自己放在他人的位置上,从而从他人的角度出发考虑问题,做到真心诚意为他人着想,并且能够更多地理解和体贴他人。当我们把角色互换用于说服他人时,则我们能够更好地体察对方的心思,并且对他人感同身受,从而水到渠成地说服他人。

在生活中的很多情况下,尽管我们尽心竭力地说服他人,对其晓之以理,动之以情,但是对方就是不为所动。这种情况的出现,往往是因为我们没有从他人角度考虑问题,而总是一味从自己的观点出发。因而,我们的长篇大论非但无法打动对方,甚至还有可能招致对方反感。相反,为什么有些人总是能够轻而易举地就说服他人呢?这是因为他们能够站在他人的角度考虑问题,而且在表达自己的意见时也更多地考虑了他人的感受,因而他们说出的话更容易让他人接受。

一个年轻人服兵役期间参加了残酷的战争,谢天谢地,他活了下来,没有被战争夺去生命。在旧金山,他给远在乡下的父母打电话说:"爸爸妈妈,我回来了,正准备回家,但是我有个不情之请:我的一位朋友,他在战场上不幸踩到了地雷,身受重伤。如今的他已经变成重度残疾,失去了双腿,还失去了一只眼睛。他没有家人,也没有亲戚朋友,因而,我想把他一起带回家,和我们共同生活。"

父母对于孩子即将回家的消息都很高兴,但是对于孩子口中的战友,父亲犹豫不决地说:"孩子,你的战友的确很可怜,但是我想,我们可以帮他找到其他住处,而不必和我们全家人拥挤地一起生活。"

年轻人执拗地说:"但是,我想带他回家,我想让他与我们全家一起生活。"

母亲接过电话,着急地拒绝:"儿子,事情绝不像你想象的那么简单。一个重度残疾的人,必然面临很多生活的不便和困难。

## 第十一章 利用同理心，共鸣是互相理解的前提

你千万不要一时冲动，这是一个沉重的包袱。"

儿子失望地挂断电话，他的父母继续在家中等待他的归来。然而，几天之后，旧金山的警察局打电话给年轻人的父母，让他们去认领尸体。父母如同遭遇晴天霹雳，赶紧搭乘飞机飞往旧金山。在看到儿子的尸体时，他们悲恸欲绝地发现，他们的儿子失去了双腿，且只有一只眼睛。警察告诉他们，他们的儿子是以跳楼的方式自杀而亡的。

在这个事例中，如果父母能够换位思考一下，考虑到在残酷的战争中重度残疾的年轻人是多么悲观绝望，而又无处可去，就不会那么直截了当地拒绝儿子的请求，也就不会让残缺不全的儿子失去活着的希望。很多时候，我们换位思考，帮助的不是他人，而是我们自己。哪个人不会遇到一些困顿的局面呢？只有在他人需要的时候伸出援手，才能在自己遭遇困顿时得到帮助。

尽管人们都说要尽量做到客观公正，但主观性却是不可能完全消除的。唯有换位思考，才能让我们在遇到分歧和争执时，尽量保持冷静和理智，真正做到把话说到他人心里去。如此一来，人际关系也得到极大改善。在日常生活中，你可曾遇到过这样的情况：你独自滔滔不绝地说着，但是对方却对你的话充耳不闻，或者左耳朵进，右耳朵出，根本满不在乎你在说什么。尽管对方也会时而点头，时而"嗯嗯"，但是你的话实际上都变成了空气，仿佛从未存在过。

在这种情况下,聪明人一定不会继续自顾自地说下去,而是会马上调整交谈的思路,改变交谈的方式,甚至更换交谈的话题,从而努力做到把话说到对方的心里去。这也就要求我们,不能一味只顾着说我们想说的,而应该尽量说些对方想听的。尤其是当对方与我们的意见和观点不一致时,一味否定和灌输不可能达到很好的效果,只有从内心深处打动对方,我们才能让对方听进去我们的话,从而做出改变。总而言之,与他人交谈时,我们唯有换位思考,才能更好地表达自己的思想和感受,从而把话说到他人心里去。

第十一章 利用同理心，共鸣是互相理解的前提

## 结成同盟，将对方变成"自己人"

一个人在面对对手和敌人的时候，必然心怀戒备，甚至不愿意多说什么，生怕被对方设计陷害了。但是在面对自己同一战壕的朋友时，却能够做到坦诚相见，甚至把自己的很多隐私都告诉朋友，只为了与朋友掏心掏肺，关系更进一步。实际上，了解了这种现象，我们在人际交往中便可采用相应的策略，促进交流。

倘若我们能够在人际交往中，与他人结成同盟，变成一个战壕的战友，那么我们与他人的关系一定更加亲近，且彼此信任，非常密切。其实，不仅仅是对于友谊，生活中在与很多人交谈时，我们都可以使用同盟策略。如此一来，同盟策略不再受到交情深浅的限制，而是能够得以更加灵活地运用。毋庸置疑，我们最信任自己人，因而当我们从语言上与他人变成自己人时，他人也会非常信任我们。如此一来，在信任的基础上，彼此的交谈变得更加和谐融洽。

从这个角度而言，如果我们想与他人搞好关系，一味示好未必有用，但是假如我们能摇身一变和他人成为同一战壕的盟友，

那么我们与他人就会成为利益共同体。这样的关系非常坚固，而且因为大家都成为一根绳子上的蚂蚱，所以每个人也都愿意为了维护共同的利益而付出自己最大的努力。

难道这意味着人与人之间只剩下赤裸裸的利益关系吗？其实不然。这只是告诉我们人与人之间互惠互利很重要。很多头脑活络的人从这个现象上也能找到更好的人际相处之道，那就是在与他人合作的时候，不要为了自己的利益而极度挤压他人的利益，而是要学会谦让，从而保证他人在与你合作的过程中是有利可图的，唯有如此，你们之间的合作才会更加长久。

在和他人交往时，我们与其斤斤计较，得理不饶人，不如胸怀宽大，在言语上礼让他人几分。这样的退让看似是怯懦，实际上是大格局的表现，是能够赢得他人认可和尊重的。

毕业于美国耶鲁大学的荷蒙，主修矿冶专业，一毕业就成为矿冶工程师。后来，他还去了德国，在弗赖堡大学继续深造和学习，最终获得硕士学位。完成学业之后，他带着各种证书来到位于美国西部的一家采矿场求职，却遭到了矿主赫斯特的拒绝。赫斯特不但脾气古怪，而且非常固执。他自己从未接受过教育，因而从心里抵触那些拿文凭当成资本的人。

当荷蒙把自己的文凭全都呈献给赫斯特时，原本以为赫斯特一定会像发现人才一样兴奋。然而，赫斯特很粗俗地对荷蒙说："我这里不需要你，你请回吧！"荷蒙疑惑不解：按理说，我的

| 第十一章　利用同理心，共鸣是互相理解的前提 |

学历足以让我绰绰有余地应付这份工作了，为何他反而把我拒之门外呢？因此，荷蒙问道："您可以告诉我，您对我哪里不满意吗？"赫斯特回答说："因为你的文凭太高了，我可不想与文质彬彬又有一肚子华而不实大道理的工程师打交道。"听了赫斯特的话，聪明的荷蒙一下子就找到了问题的症结所在。原来，赫斯特是讨厌知识分子啊！因而，他眼珠一转，计上心头，故意装作神秘地说："其实，我有一个小秘密想与你分享，但是你必须保证不会有朝一日告诉我爸爸。实际上，我完全是被爸爸逼着才去弗赖堡读书的，在那里的三年，我一直吃喝玩乐，根本没有时间花在学习上。"听了荷蒙的话，赫斯特反倒十分开心，他考虑片刻后还是决定录用这个"不学无术"的年轻人。

关于荷蒙的高学历，从未上过学如今却成为大矿主的赫斯特，心里显然不服气。他的不服气，一则是他本性不喜欢文绉绉的知识分子，二则是因为他自己未接受过教育而有着遗憾，因而不自觉地抵触接受过高等教育的人。幸好荷蒙不是遇到挫折就退缩的人，因而，在得知赫斯特的真实心意之后，他马上表态自己其实读硕士期间一直都在偷偷地玩耍，只是被父亲强迫才去读硕士的。听到荷蒙也是一个贪玩的孩子，赫斯特突然间感到与荷蒙很亲近，因为他们居然有着很大的相似性，是"同盟军"。就这样，赫斯特改变主意，欢迎荷蒙的加入。

为什么原本对荷蒙态度冷淡的赫斯特突然间有了如此大的改

变呢？原因就在于荷蒙以寥寥数语就把赫斯特变成了自己的"同盟军"。尤其是荷蒙还让赫斯特帮助他在爸爸面前保守秘密，这样一来，他们更是拥有了共同的秘密。因而，他们的感情瞬间变得亲近，赫斯特的转变也就是情理之中的了。当赫斯特把荷蒙当成自己人，怎么还会继续将他拒之门外呢？！

在用"自己人"的口吻与他人套近乎时需要注意，不管我们的身份是什么，也不管我们的地位是卑微还是高贵，我们都应该以真诚平等的口吻与对方交流，这样才能让对方更心甘情愿地接受我们的意见。其实，与对方结成同盟还有个小小的技巧，即说话时尽量不要说"你""你们""我"，而要多说"我们""咱们"等。这样简单的称呼改变，瞬间就能拉近你与他人之间的距离，让你们变得更亲近。

## 第十二章
### 罗森塔尔效应,暗示拥有巨大的力量

## 巧用暗示，让对方顺着你的思路走

人与人之间交流，最重要的工具是语言。的确，人们之间进行语言交流，目的就在于传递信息，抒发自己的情感和情绪，表达自己的观点和意见。这一切思想的交流活动，如果离开语言，都是不可能完成的。

很多人现实生活中习惯于直截了当、开门见山地表达自己，实际上，很多话一旦明确说出来，就失去了意义。对于那些无法言明而又不得不说出来的话语，我们完全可以使用打暗语的方式来与他人沟通。

通常情况下，没有人愿意接受别人的操控和指挥，但是不管是在生活中还是在工作中，很多时候我们偏偏需要与他人更好地交流和沟通，有时还需要让他人按照我们的意思去做。但是，我们直截了当命令他人往往会被拒绝，那么我们就可以使用暗语，从而使他们在潜移默化中接受我们的影响和引导，最终让事情朝着我们所期望的方向发展。

周末的一个晚上，小涛的大舅到访，已经快10点了，他的大舅和妈妈依然相谈甚欢。可是，小涛第二天还要上学，需要早点睡觉，大舅一直不走，怎么能睡觉呢？

突然，鬼灵精怪的小涛大喊一声："妈妈，大舅不是已经走了吗？你怎么还不睡觉？电视声音还开这么大，我明天早上起不来，上学会迟到的。"

妈妈心里纳闷：这孩子明明知道大舅还没走，为什么这样说？

听了这话，大舅连忙起身，满含歉意地笑道："你看我这人，光顾着聊天了，也没注意看时间，都这么晚了，我该回去了。"

小涛忙走出来，自责地说："呀！原来大舅还在呢！我以为您走了呢！您不用回去了，都这么晚了，末班车估计没了。今天就住我房间吧，我跟妈妈睡。"大舅顿时喜笑颜开，但还是执意要走。

把大舅送走后，妈妈问小涛："你明明知道那不是电视的声音，是我和你大舅说话的声音，为什么说是电视的声音？还有，你大舅没走呢，你怎么说他已经走了？"小涛不好意思地笑了。

这就是一种暗示的技巧，既把人"轰"走了，又没有得罪人，让对方自己意识到时间已经很晚该告辞了。

在暗示他人时，为了让暗示起到较好的效果，首先，我们应该以友好温和的语气和他人说话。其次，我们还要站在对方的角度上思考问题，设身处地地理解对方，而不要把对方放在我们的对立面，使得对方对我们的任何言行都心怀警惕。此外，我们还可以暗示对方我们其实和对方的经历很相似，从而引起对方的感情共鸣，让对方意识到我们也很艰难，从而理解和同情我们。总而言之，我们必须更真诚地对待他人，打消他人对我们的戒备和疑虑，才能得以事半功倍地暗示和影响他人，让他人循着我们的思路走下去。

## 旁敲侧击，让对方自己领悟

现实生活中，很多人都以"我手写我心"为最高的文字表达境界，为此很多热爱文字的人孜孜以求。殊不知，说话也有一个类似的境界，那就是"我口说我心"。看到这里，很多朋友都会觉得不以为然，因为他们都觉得自己能够准确到位地表达自己的内心。但事实上，说话并非这么简单的事情，尤其是在复杂的生活中，我们常常会在语言面前感到苍白无力，因为不管我们多么努力，我们都无法水到渠成地完成自己的倾诉和表达，而且对于有些想法，我们也根本不知道该怎么说。在这种情况下该怎么办呢？难道就此闭上嘴巴，不再试图表现自己，还是采取直截了当、粗俗卑劣的方式，直接把自己的所思所想生硬地说出来呢？这都不是好办法，因为这些表达方式很难如我们所愿取得良好的效果。

## 第十二章 罗森塔尔效应,暗示拥有巨大的力量

其实,当遇到事情却不知道怎么表达的时候,我们可以避直就曲,采取委婉隐晦的方式来表达自己的内心。总而言之,不管使用什么方法,只要能达到我们要表达的目的,对他人起到预期的作用,就是好的表达方法。很多人都听过"敲山震虎"这个词语,实际上就是意在言外的表达方式。我们可以采取举例子或者摆事实的方法,从而增强说服力,也能成功打动他人的心。这样一来,我们就可以避免被他人拒绝,也可以得到他人的认可,从而成功影响甚至是改变他人的想法。

战国时期,齐国的淳于髡口才很好,能说会道,能言善辩。作为君主身边的人,他非但不害怕向君主进谏,反而还会使用一些隐晦的方式成功规劝君主,所以君主非但没有因为他的进谏生气,反而很喜欢他,也愿意接受他的规劝。当时,齐国的齐威王才华横溢,而且充满智慧。但是齐威王即位之后却辜负了众人的期望,整日沉迷于酒色,对国家大事从来都不管不问。为此,齐国政治动荡,国力衰弱,人民生活变得非常糟糕。而且也因为齐威王疏于管理,导致贪官污吏横行。此时,其他的国家都趁此机会来进犯齐国,齐国眼看着就要亡国。

尽管齐国的很多忠臣对此都忧心忡忡,但是他们畏惧齐威王,害怕齐威王迁怒于自己,因而全都明哲保身,没有任何人敢来劝谏齐威王。有一天,淳于髡见到齐威王后,说:"大王,您喜欢猜谜语吗?臣有一个谜语,始终想不出谜底。某个国家的宫廷里

175

飞来一只大鸟，这只大鸟整整三年时间都住在宫廷里，但是它寂寞无声，每天都蜷缩着，从未展翅翱翔。大王，您认为这只鸟为何如此消沉低迷呢？"齐威王非常聪明，知道淳于髡是在借用大鸟来讽刺自己一事无成，贪图享乐。为此，他思考片刻，决定从此之后要振作起来，整顿齐国，因而他对淳于髡说："这只大鸟不鸣则已，一鸣惊人，你等着看吧！"果然，后来齐威王励精图治，把齐国治理得越来越强盛。在劝谏齐威王时，淳于髡使用的就是隐语，也就是用举例子或者打比方，甚至是讲故事的方式，把自己的想法和看法委婉地传达给齐威王。通常情况下，君主都会因为大臣的进谏感到丢面子，但是淳于髡非常聪明，他的这种方式很好地保全了齐威王的颜面，而且让齐威王主动思考之后做出改变，可谓一举两得。

自古以来，很多直言进谏的谏臣，都因为没有顾及君主的颜面，导致君主龙颜大怒，甚至迁怒于他们，取了他们的性命。假如这些谏臣能够多多学习淳于髡，以这种委婉的方式暗示君主，把主动权交给君主，而不会伤害君主的颜面，那么君主一定会更乐于接受大臣的进谏，大臣也就性命无忧了。

当然，在以事例或者故事作为媒介来传达我们的思想时，需要注意的是，首先要选择有代表性的故事，这样的故事更加生动具体，而且隐喻明显，更有利于他人理解和领悟。其次，那些经典的故事都有特定的含义，我们选择故事时一定要根据现实的情况进行斟酌和取舍，千万不要牵强附会，否则就会导致事与愿违。

最后，既然是隐语，是为了暗示他人我们的意思，也是为了给予他人主动权理解和领悟我们的意思，所以我们讲故事时不要过于直白，而是要注意保持隐晦性，把其中的深刻思想和含义，留给听话者自己去参悟。这样的表达方式，才能真正起到隐晦的效果，也才能更好地保护他人的颜面和自尊。

## 利用从众心理，让对方认同你

现实生活中，我们总是把"我们认为""每个人都""他们都觉得"等这样的语言，挂在嘴边。而且在意见不统一的时刻，人们也会遵循少数服从多数的原则，认为少数人必须遵从于大多数人。实际上，这既是约定俗成的准则，也因为大多数人都有随大溜的心理，也就是心理学上所说的从众心理。

尽管在历史上，有相当一部分人都认为真理掌握在少数人手中，但是他们依然不自觉地随大溜，这也是从众心理在作怪。尤其是在人多的场合，如果大多数人的意见是统一的，只有他一个人与大家唱反调，那么他就会情不自禁地隐藏自己的观点，收敛自己的锋芒，从而认可他人的观点。在人际交往中，人们也有这种心态，假如我们与人相处时，或者在说服他人时，能够运用人们的从众心理，那么我们的说服工作就会事半功倍，马到成功。

从众心理,来源于动物界的羊群效应。人们发现,羊群的组织结构是非常松散的,总是无组织无纪律、漫无目的地展开行动。而且在整个羊群里,一旦有任何一只羊率先做出任何举动,其他羊就都会不假思索地跟随,导致一哄而上,哪怕面对危险也在所不惜。这并非因为羊具有团结力和凝聚力,而只是因为羊缺乏判断力,愿意相信其他羊。这种行为投射到人群中,就是所谓的跟风行为。细心的人会发现一个奇怪的现象,即如果一个人看到其他很多人都在做一件事情,那么哪怕做这件事情并非出于这个人的本心,他也会跟着去做。这也是很多商场搞促销,或者是路边摊为了招揽客户,总是专门花钱雇用很多人造成哄抢假象的原因。

作为走街串巷的货郎,小五偶尔也会批发一些日常用品和零碎东西一起卖。这不,眼看着天气越来越冷了,家家户户都在套被子,小五就批发了很多床罩,去到偏僻的地方叫卖。这一天,小五来到一个油田,这里地广人多,而且居民几乎都是油田里的工人,因而彼此都认识。

小五放下担子吆喝着,很快就有一个中年妇女走过来看被罩。显而易见,中年妇女很喜欢这个被罩,因而爱不释手,但是不知道是由于价格原因还是其他的什么原因,她一时之间又无法做出决定,所以显得很犹豫。小五看穿了这个中年妇女的心思,突然说:"大姐,买吧,我来到你们油田一个上午,都卖出去十几床被罩了。就在前面那一排的第一家,上周也买了我的被罩,说起

## 第十二章 罗森塔尔效应，暗示拥有巨大的力量

来你们应该都认识呢！刚才我在路上遇到那家的女主人，她正出门，还说下次我再来，还要再买两床被罩呢！"听到小五的话，中年妇女显然打定主意了，她很快就掏出钱买了两床被罩。

小五的推销之所以能够成功，就是因为他抓住了中年妇女的从众心理：在这个油田小区里，大多数住户都是油田里的人，住得近的职工们更是相互熟悉，也当了多年的老邻居。因而当听到小五说前排的女主人买了这个被罩时，中年妇女心中的犹豫和疑惑也马上消除了。

在现实生活中，每个人都会不同程度地表现出从众的倾向，他们很愿意服从大多数人，是因为他们觉得法不责众，只要和很多人一起行动，哪怕做的事情是错误的，他们也情不自禁地感到底气十足。在营销的过程中，很多名牌的企业都会邀请知名的明星代言，也正是利用人们对明星的信任、追随，从而成功把产品推销出去的。当然，如果我们在交谈中想要利用从众心理说服他人，也是要注意一些细节的。首先，既然是从众和随大溜心理，我们就要把他人都这么做的消息告诉对方，从而增强说服力。其次，我们所说的众人还应该是对方认识或者信服的人，这样说服的效果会更好。总而言之，人们虽然倾向于从众，却也不会盲目从众，所以不管我们所说的众人是谁，都应该是能够对对方产生影响的。

## 用相似的错误侧面提醒对方

人非圣贤，孰能无过。很多时候我们都会因为他人犯了错误，而怒不可遏，甚至怒不择言采取各种决绝的方式批评他人。然而，直截了当的批评固然很好，能够直接为他人指出错误，也能够让他人第一时间改正和提升自我，获得进步，但是这种方式也会存在很多的弊端，诸如会伤害他人的颜面，也会因为愤怒一下子把心中积存的话都说出来了，所以导致没有回旋的余地。这样一来，一旦我们不小心伤害了与他人的关系，想要挽回就很难了。实际上，每个人都会犯错误，当我们因为他人有心或者无意犯下的过错而歇斯底里时，也应该想到我们同样也会犯错，从而更加宽容地对待他人。

当然，很多时候有些错误是不得不说的，因为关系到他人的成长，或者关系到我们与他人的合作。的确，很多人在批评他人的错误时，会说："我是真心为了你好，否则我要是你的仇人，才不会为你指出错误，帮助你进步呢！"确实，人都是在改正错误的过程中才能不断进步的，因而被指出错误，我们的确要感谢那个人。然而，人也是很爱面子的动物，有的时候心里明知道要感谢他人，却因为被他人伤了面子，导致对他人怨声载道。而作为为他人指出错误的人，明明是好心好意为他人着想，帮助他人进步，最终却落得受埋怨，实在是得不偿失，也是事与愿违。那么，有没有一种方式，让我们既能够指出他人的错误，帮助他人成长，又能够避免被他人抱怨和责怪呢？当然有。

当我们在犯错误的人面前说起同样的错误，犯错误的人一定能够意识到自己在同样的方面做得不够好，从而主动反思自己，努力改正自己的错误。这样一来，哪怕我们不是直截了当指出他人的错误，却也能够敲山震虎，起到相同的效果。与此同时，我们还能避免伤害他人的面子，他人呢，也可以于不知不觉中提升自己，完善自己，避免了被人当面指责的尴尬和难堪。当然，我们敲山震虎并不局限于完全相同的错误，也可以以同类的错误对他人进行点拨。要知道，因为错误的类别相似，就算对方再怎么愚钝，也是能够感到心中一惊，更能够理解我们的苦心，从而主动反思自身，积极改正错误。

作为邻居，小米和叶子是同班同学，也是好朋友。每天，他们一起上学，一起放学，就像一对亲姐妹一样。然而，小米学习成绩非常好，叶子虽然也很用功，学习成绩却总是上不去，始终位于中游水平。眼看着又要期中考试了，想到自己一旦考不好，爸爸妈妈又会用小米作为自己的榜样和标杆，叶子不由得着急起来。

很快,考试的那一天就到来了,趁着老师不注意,叶子居然照抄起同桌小米的试卷。试卷发下来之后,叶子居然和小米是相同的分数,她们俩都是98分。对于小米的成绩,没有人觉得惊讶,但是对于叶子的成绩,不管是老师、同学,还是叶子的爸爸妈妈,都觉得出乎意料。在发试卷的时候,老师显而易见已经知道了叶子和小米的秘密,但是念及叶子是初犯,老师并不想让她难堪,因而老师一边发试卷,一边对全班同学说:"同学们,这次考试大多数同学表现都很好,但是我在个别同学的试卷上发现了抄袭的痕迹。其实,这是一个非常不好的习惯,首先违背做人要诚实的原则,其次等到真正的升学考试时,考场纪律特别严格,如果有抄袭行为,那么原本不太如意的分数就会变成零分,岂不是更悲惨吗?"说完,老师还给同学们讲了一个高中生在高考的时候,因为作弊被判定零分的故事,这使得原本能够考上二本的高中生,不得不背着一个不太好的名声,再次重复痛苦的高三生活。对于老师的话,那些心中没有鬼的同学全都不以为意,但是叶子却暗暗感到后怕,觉得自己实在太冒险了。后来,叶子努力学习,而且积极主动和老师沟通,再也没有犯过这样的错误。

老师是非常明智的,也很注意保护同学们脆弱的自尊心,所以老师才会用这样敲山震虎的方法,委婉指出考试作弊的错误行为不可取,从而让叶子意识到自己不能再犯同样的错误,否则后果一定很严重。不过,敲山震虎的方法也需要慎用,只有恰到好处,才能达到良好的效果。

在使用同类错误批评他人时,我们首先要确定自己所选择的案例和被批评者所犯的错误有共同之处,这样被批评者才会联想到自己身上,从而主动反思自身,改正错误;否则如果两个错误相差甚远,那么被批评者就不会想到自己,批评也就失去了效果。其次,在使用同类错误批评他人时,一定要以尊重他人为基础,避免使用带有侮辱性或者攻击性的语言;否则被批评者一旦感受到自己被羞辱,就会产生强烈的抵触心理,导致无法达到预期的效果。总而言之,批评要讲究方式方法,批评不是我们自身负面情绪的发泄,而是要以给对方带来帮助为目的。如果我们总是无休止地批评他人,就会给他人造成巨大的心理压力,甚至还会激起他人的逆反心理,导致事与愿违。但是若使用同类错误批评他人,则能够很好地顾及对方的颜面,使对方乐于接受我们的暗示,积极主动地改正自己的错误。